石隈・田村式援助シートによる

子ども参加型チーム援助

インフォームドコンセントを超えて

田村節子・石隈利紀 著

図書文化

はじめに

子ども参加型チーム援助
──当事者と援助者の協働をめざして──

1 子どもが自分の人生に責任をもつとは

　平成24年10月，私は筑波大学附属学校の先生たちと，インクルーシブ教育の先進国と言われているスウェーデンのマルメ市に特別支援教育の視察に行きました。そのときのことを，いまでも忘れることができません（筑波大学附属学校教育局，2012）。

　スウェーデンでは，障害の有無を問わず，すべての子どもについて担任教師が「IUP（個別の指導プラン）」を作成します。知的障害，視覚障害，聴覚障害，肢体不自由など，障害のある子どもには，さらに「特別の援助プログラム」を準備します。このプログラム作成には，教師，心理士，理学療法士，作業療法士，医師などの専門家のチームがかかわります。そして，子どもの障害にそってアシスタントが付けられるなどの配慮も行われます。これらの指導計画や援助プログラムは，曖昧なものでなく，非常に具体的でわかりやすい内容になっています。また，専門家チームの話し合いに本人も参加させることで，本人の意思決定を尊重しています。

　私はスウェーデンで障害のある子ども本人が話し合いに参加する理由を尋ねてみました。すると，その回答は「子どもが自分の人生に責任をもつからだ」というものでした。

　恥ずかしいことに，私のそれまでの「民主主義」（の理解）は，本人の意見を尊重するという程度のものでした。しかしスウェーデンにおいては，子どもも含めて，人が自分の人生において自分で意思決定をし，自分の人生に責任をもつことを意味するということに，驚きと感銘を受けました。民主主義とは，自分の人生を生きる者への敬意なのです。

　またスウェーデンでは，保護者の協力のうえで，子どものニーズに合わせて援助プログラムの優先順位を考えること，子どもが自分のことを他者にうまく説明するための訓練を通して，本人が自己決定できることを重視しているということでした。

教育のあり方は文化によって多様ですが，自分の人生を生きる子どもを当事者として第一に考える姿勢は，文化の違いを超える価値観ということができると思います。

　そこで本章では，子どもが自分の人生に責任をもつ援助のあり方，当事者参加の援助のあり方について考えたいと思います。

2　教師(援助者)の責任と子ども(当事者)の責任

　子どもが自分の人生に責任をもつ援助をするというとき，援助者である私たちと子どもの関係はどうなるのでしょう。（1）当事者性，（2）対等性，（3）役割性・専門性の3点から整理します（石隈, 2010）。

(1) 当事者性

　あたりまえのことですが，子どもは自分の人生の当事者であり，自分の問題状況の当事者です。「子ども中心主義」という言い方がありますが，それは，子どもを中心に世界が回るということではありません。現実の社会の中で，子どもが人生の当事者，人生の主役として生きることを援助するという意味です。

　子どもが成長する環境をつくる責任は大人にありますが，これは，環境によって子どもの苦労をすべて取り除くという意味ではありません。子どもが成長しようと努力し，自分の人生を生きていくことを援助する環境をつくるということです。例えば，発達障害のある子どもへの援助が「特別支援教育」として概念化され，発展してきています。そこでの私たち教育関係者の役割は，子どもとの信頼関係の基に，子どもが将来に向かって主体的に成長しやすい学校生活の環境をつくることです。

　つまり，子どもは自分の人生に責任があり，教育にかかわる私たちは，教育の質に責任があるのです（石隈, 2016）。

(2) 対等性

　子どもは一人の人間であり，援助する教師・保護者・スクールカウンセラーらも一人の人間です。子どもと援助者は，一人の人間として互いに敬意をもってかかわります。保護者や教師は子どもを援助しますが，子どもは保護者や教師を援助者として育てます。また援助者は，子どもの協力なしには，子どもの援助を適切に進めることができません。このように，子どもと援助者は，ともに問題解決をし，ともに進むパートナーとなります。

　対等な関係は，パートナーシップ（協働性）の基盤となります。吃音の当事者であり，

ことばの相談室を主催する伊藤伸二氏は，援助とは「弱い人間に（強い人間が）何かをしてあげるのではない」と強調します（伊藤伸二・吃音を生きる子どもに同行する教師の会，2010）。だからこそ，子どもを「はれもの」のように扱い，傷つけないようにするのではなく，率直に意見を出し合い，「仮に傷つけたら，なぜ傷ついたか子どもと一緒に考える」ようにしているといいます。傷つくところには，自分が大切にしている思いや伸びている力があるからです。「必要なことであれば躊躇なく話題にし，話し合う」関係こそ，まさに対等な関係，子どもと援助者の関係と言えます（伊藤ら，2010）。

また子どもにとって，大人から自分を一人前に見てもらえることや，自分の思いや考えをきちんと大切に聞いてもらえる体験は，自尊感情を高めることになります。ただし，自分の思いを語ることは，大変なエネルギーとある程度のスキルを必要とします。とくに，傷ついているときや疲れているときには，子どもにとってきつい行為です。したがって大人は，パートナーとしての子どもの振る舞いに対して，ゆっくりと寛容である必要があります。また，子どもがパートナーとして自分の思いやニーズを言語化できるように援助することが求められます。

（3）援助者の役割性・専門性

学校心理学では，教師，保護者，スクールカウンセラーらの援助者を，次のように位置づけ，整理しています（石隈，1999）。

①保護者は，子どもを役割として援助する「役割的ヘルパー」。
②教師は，複合的な教育の仕事の重要な側面として子どもを援助する「複合的ヘルパー」。
③スクールカウンセラーなどは，子どもを専門的に援助する「専門的ヘルパー」。

教師やスクールカウンセラーには，援助者として，職業上の専門性が期待されます。その中核は，子どもの発達状況や学校生活の理解です。子どもの意思や，発達段階や苦戦している状況に応じて，子どもの活動の援助を計画することが求められます。

ただし，専門性とは，当事者性と対等性の尊重の上に加えられるものであり，それらの代わりになるものではありません。当事者性や対等性のない専門性は，苦戦する子どもをさらに傷つけることになりかねないので注意が必要です。

教師・保護者・スクールカウンセラーらが，子どもの育ちを学校教育の場で援助する際，子どもが自分の人生を生きる当事者であることを尊重し，子どもと対等に自由な話し合いのなかで，子どもの学校生活を援助したいものです。そして，それぞれの役割や専門的な知識・技能を活用して，子どもの育つ環境を改善し，子どもの育ちを促進したいものです。

3　当事者参加の動向

「当事者参加」の援助の歴史は，医療や障害者支援においても進んでいます。ここでは，当事者参加の例として，インフォームドコンセント，べてるの家の「当事者研究」，発達障害の特性理解と支援について検討します。

（1）インフォームドコンセント

インフォームドコンセントは，1957年アメリカの医療過誤裁判の判決文で初めて使われた法律の用語で，日本語では「説明と同意」などと訳されます（東中須，2008）。医療従事者が治療や検査などの医療情報について患者に十分な説明をする義務と，患者が事実を知る権利に基づくもので，患者の自主的判断に基づいた医療への参加をめざしています。

インフォームドコンセントが注目されるようになった背景には，多様化した価値観の尊重や，人権擁護の考えが強まるなかで起きた「専門家中心主義の崩壊」があります。専門家中心主義とは，権威ある医療者や教育者が，「専門家」の裁量にもとづき，素人である患者や子どもを一方的に保護・指導する「父権主義」のことです。これに対して現在では，「医師の診断が絶対とは限らない」ので，患者がセカンドオピニオンを取ることも例外ではなくなりました。複数の情報に基づき，自分の求めるより良い治療を要求する権利が重視され，インフォームドコンセントの必要性が高まってきたのです。同様に学校教育でも，教師のやり方が絶対ではなく，保護者は学校により良い教育をするよう要求する権利があるととらえられるようになってきています。

インフォームドコンセントでもっとも重要なことは，医療者と患者の信頼関係です。私もこれまでに心臓や歯科の手術を受けてきましたが，医師に率直に質問し，自分の生活やライフスタイルを伝え，医療方針に納得するというプロセスから，医師の誠実性と専門性への信頼が生まれ，医師と私のパートナーシップが支えられてきました。しかしなかには，残念ながらそのような基盤が十分につくられず，医療訴訟になる場合もあります。現在はまだ，専門家中心主義からパートナーシップに向かう過渡期なのかもしれません。

専門的サービスの送り手と受け手が対等になり，協力して治療や教育に参加する「パートナーシップ」（対等性に基づく協働）をどう形成するかが問われています。

（2）べてるの家の当事者研究

べてるの家（http://www.urakawa-bethel.or.jp/betheltoha.html）は，1984年に設立された，北海道浦河町にある精神障害等のある当事者の地域活動拠点です。社会福祉法人浦河べて

るの家,有限会社福祉ショップべてるなどの活動があり,総体として「べてる」と呼ばれています。そこで暮らす当事者たちにとって,べてるは生活共同体,働く場としての共同体,ケアの共同体という3つの性格を有し,100名以上の当事者が地域で暮らしています。

べてるの家では,「当事者研究」という,当事者が自分自身を理解し,自分の悩みを言葉にする試みが行われています（浦河べてるの家,2005）。べてるの家の活動を支えてきたソーシャルワーカーの向谷地生良氏は,この当事者研究のファシリテーターでもあり,当事者研究を以下のように整理しています（向谷地・伊藤,2013,31-32）。

「当事者研究は,統合失調症や吃音などをかかえながら暮らす生活の中から研究の素材を見いだして,それを研究テーマとして再構成し,そのテーマの背景にある事柄や経験,意味などを見極めて,自分らしいユニークな発想で,自分に合った『自分の助け方』や理解を見出していこうという,一連の研究活動の総称である」

「当事者自身が仲間とともに関係者や家族と連携しながら,常識にとらわれずに『研究する』という視点に立ってワイワイガヤガヤと語り合い,時には図（絵）や演技を用いて出来事や苦労の起きるパターンやしくみ,抱える苦労や困難の背後にある意味や可能性を見出す過程を重視する」。

たとえば,ある女性は,当事者研究のプロセスで,自分いじめのフルコースを,＜前菜＝異性問題,メインディッシュ＝食べはき,デザート＝入院＞と整理し,自己病名を「体育会系がんばり症」「なんでもF1タイプ」と命名しました。彼女は浦河に来てから,自分で考えて仲間と話すことで自分の苦労に対処しようとしているといいます。

当事者が,自分の苦労を言葉にして,その意味を見出し,自分で自分を助ける。そして当事者同士,また当事者とソーシャルワーカーが,互いに助け合う。当事者が自分の人生を生きるために,自助を大切にして,たくさんの互助を活かし,そしてときどき公助も使うのです。

精神障害等のある人々（当事者）が,治療や援助という名の下に,悩むことを奪われてきたのではないかと考え,べてるの家では,人々が悩みを取り戻し,言葉を取り戻すことを大切にしています（斉藤道雄『悩む力』みすず書房参照）。

（3）発達障害のある子どもの特性理解と支援

小中学校の通常学級で,「学習上または行動上の困難」があると教師が判断した児童生徒は,約6.5％いると報告されています（文科省,2012）。

学校生活で苦戦している発達障害の子どもの援助では,子どもの弱いところに焦点を当てることから,子どもの特性（凸凹）に焦点をあてるように変わってきました（田中,

2009, 2010）。現在，文部科学省初等中等教育局特別支援教育課で準備されている発達障害の支援ガイドでも，「障害受容」という用語は使わず，「特性理解」という用語を用いようとしています。子どもの特性だけで障害となるのではなく，それが学習や対人関係など生活での困難さになって，はじめて「障害」となるからです（宮本，2009）。

このように，発達障害の援助においても，子どもの弱いところを治すことから，子ども自身が困っていることを聞き，子どもが生きやすいように環境を調整する方向へ，援助のあり方が変わってきています。また同時に，子ども自身の強いところに焦点をあてる「長所活用型指導法」（藤田・熊谷・青山，2000）など，ストレングスモデルも注目されています。

ただし私は，学校はディズニーランドではないと思っています（石隈，2016）。ディズニーランドでは，客は努力をする必要はありません。客は今を楽しませてもらうのです。いっぽう学校では，将来に向かって子どもがさまざまな学習に取り組みます。そして教師には，そうした子どもの主体性と特性を理解し，子どもが課題に取り組みやすい環境をつくったり，子どもの取り組みにフィードバックをしたりすることが求められます。

4 教育における子ども参加
―― 子どもと援助者のパートナーシップをめざして

以前から筆者らは，教師・保護者・スクールカウンセラーらのチーム援助を実践し，その効果的な方法を研究してきました（既刊『チーム援助入門』『実践チーム援助』参照）。もちろんチーム援助の過程においては，子どもの思いを尊重してきました。しかし，前述のとおり，当事者である子ども本人がチーム援助の「話し合い」に参加することがないかぎり，子どもの思いが十分に届くことはなく，また子ども自身が目標を決定することを援助する機会も限られてくるのではないかと思うようになりました。

新しい学習指導要領では，子どもが学習の主体であることが強調されています。そして，主体的・対話的で深い学び（アクティブ・ラーニング）が提唱されています。子どもたちの学校生活での苦戦に対しても，子どもが主体であることを前提に，子どもがアクティブに問題解決に取り組めるよう援助したいものです。

また，障害のあることで必要とされる「合理的配慮」は，当事者である子ども（あるいはその代理としての保護者）と学校とのやりとりで決定されます。合理的配慮の計画作成にも，子どもの参加が今後は欠かせません。

本書が提案する「子ども（当事者）参加型チーム援助」では，チームに子ども（当事者）

が参加することで，子どもと援助者が真のパートナーとなり，以下の3つを共有していきたいと考えています。めざすのは，インフォームドコンセントを超えた，対等性と信頼関係に基づく共同の意思決定です。

(1) 当事者として，危機の共有

　成長の過程では，すべての子どもが援助を必要としています。家族，地域，学校で援助されながら，子どもは大人になります。

　また子どもは，発達上の危機や学校生活での危機，また心的外傷になる出来事など，さまざまな場面で危機に遭遇します（石隈，1999）。危機とは，自分が通常用いている問題解決の資源では回避も解決もできない重要な問題を生み出している危険な状況にあって，「心理的均衡を失っている状況」のことです（Caplan，1964）。学校生活で不登校やいじめなどの問題で子どもが苦戦するときには，教師・保護者・スクールカウンセラーらは「援助チーム」を形成し，効果的な援助をめざします。

　このように，子どもの問題や危機が「ほおっておけない出来事」であるかぎり，援助者にとっても子どもの危機は「自分ごと」です。子どもの危機に際して，教師・保護者・スクールカウンセラーらは，援助者として子どもの危機の状況を把握し，子どもの力（自助資源）を見つけ，危機状況への対応をします。当事者である子どもの気持ちや思いを尊重しながら，子どもが自分で判断できるように援助を行いますが，そこでは援助者と子どもがまさに危機状況を共有しています。

　子どもの危機において，大人（援助者）と子どもが危機感を共有し，パートナーとして危機に対応するプロセスで，子どものレジリエンス（危機に対する防御力・抵抗力・回復力）が育ちます。そして同時に，大人のレジリエンスも育ちます。

(2) 援助者として，責任の共有

　子どもは自分を助け，大人は子どもを助けるというプロセスにおいて，子どもと大人は援助の責任を共有しています。

　子どもは，自分の人生において意思決定を行い，主体的に成長していきます。また，自分の人生を大切に生きることが期待されます。そして，自分の問題を，自分の力を発見し，活用して対処していきます。このように，子どもは，自分の人生を生きるために，自分で自分を助ける責任をもちます。

　いっぽう大人（援助者）は，そのような子どもの成長や自己実現が促進されるよう，環境を整え，必要な援助を行うという責任をもちます。子どもとの信頼関係を基にして，子

どもが将来に向かって学校生活で努力しやすい環境をつくり，子どもの努力が，問題解決や成長につながるよう援助する役割をもっています。

　このように，子どもは自分の人生に責任をもつ，教育にかかわる私たちは教育の質に責任をもつという形で，責任を共有します。だから，子どもの学校生活を豊かにする計画や子どものめざす目標の作成では，子どもが中心になり，大人はそれを援助することが大切なのです。同様に，作成した計画の実行と結果についても，子どもと大人は共同で責任を負うのです。

（3）共に未来に向かう人間として，希望の共有
　子どもとともに学び，遊び，活動する喜びは，子どもが一歩ずつ成長する様子を側で見ることができる援助者だからこそ得られるものです。さらに，子どものめざす未来の姿を子どもと一緒に考えるとき，「子どもの未来」と子どもとともにつくる「未来の社会」に希望が湧いてきます。

　子どもと危機を共有し，責任を共有し，希望を共有するためには，子どもの危機に寄り添い，「子ども参加型チーム援助」で子どもの学校生活と明日への希望についてオープンに話し合うことが鍵になります。

　もちろん，これまでも，チーム援助を進めるプロセスで，子どもに意見を聞くことはあったと思います。多くの援助者が，子どもの思いを理解しようとし，大切にしていると思います。しかしながら，教師が児童生徒を教える，保護者が子どもを育てる……という意識でいるかぎり，常に子どもは受け身の存在です。この意味で，学校教育は「専門家中心主義」からまだ十分に解放されていないのかもしれません。

　子どものための「大人からの援助」「大人によるチーム援助」が中心になってはいなかったか。そんな発想に基づいて提案するのが「子ども参加型チーム援助」です。子どもも参加する「チーム学校」をめざしたいと思います。

石隈利紀

石隈・田村式援助シートによる
子ども参加型チーム援助
〈インフォームドコンセントを超えて〉　　　　　　もくじ

はじめに　子ども参加型チーム援助
　　　　　——当事者と援助者の協働をめざして　3

本書のご利用にあたって　14
石隈・田村式援助シートによるチーム援助
書籍3部作の特徴と掲載シート一覧　15

第1章　子ども参加型チーム援助とは　16

1．子どもの学校生活の質の向上をめざして
　　——「子ども参加型チーム援助」の提案——　16
　（1）時代のちょっと先を見据えて　16
　（2）子ども参加型チーム援助をいまお伝えする理由とは　17
　（3）チーム援助のコストパフォーマンス　17
　（4）「チーム」とは，頭数がそろっていることではなく，お互いに信頼関係があること　18
2．子ども参加型チーム援助のねらい　19
　（1）なぜチームで援助を行うのか　19
　（2）当事者主体がなぜ必要か　20
　（3）意思決定のプロセスがより重要に　21
　（4）子どもと援助者が共有しておく3つのこと　22
　（5）援助を子どもの言葉で語る——WANTSとNEEDSの把握——　23

第2章　子ども参加型チーム援助の進め方　26

1．子ども参加型チーム援助の進め方とは　26
　（1）援助チームとは　26
　（2）援助のプロセスの4つのパターン　27
　（3）子ども参加型援助チームによる相互コンサルテーションの流れ　29
　（4）子ども参加型援助チームの2つのタイプ　30

2．子どものWANTSとNEEDSのアセスメント　35
　（1）援助チーム立ち上げのための心理教育的アセスメント　35
　（2）WANTSシート（Wants And Needs Thinking Sheet）の使い方　36
3．子ども参加型チーム援助の進め方　39
　（1）子ども参加型援助チームのメンバー　39
　（2）話し合い（作戦会議）の進め方　40
　（3）子どもを対等なパートナーとするために　43
　（4）子ども参加型援助チームにおける各メンバーの役割　45
4．援助がうまくいくための4つの要素　48
　（1）子どもとの信頼関係と子どもの存在を尊重する姿勢　48
　（2）WANTSをくみ取ったていねいなアセスメント　49
　（3）NEEDSにぴったりと合った援助計画　50
　（4）HOPEにつながる先の見通しの説明　52
5．援助がうまくいかないときに　53
　（1）チーム援助の体制が校内にない場合のヒント　53
　（2）保護者を援助チームメンバーに入れることができない場合のヒント　54
　（3）チーム援助の成果が出ない場合のヒント　55
　（4）保護者が子どもの変化に目を向けてくれない場合のヒント　56
　（5）子どもの反応に手ごたえが感じられない場合のヒント　57

第3章　子ども参加型チーム援助の事例　60

事例1　［三次的援助サービス］不登校になったヒナタへの援助
　　　　―「子ども参加型援助チーム」の事例―　60
　　事例解説　68
事例2　［一・二次的援助サービス］勉強のやる気が出ないタケルへの援助
　　　　―WANTSシートの活用事例―　75
　　事例解説　82

第4章　ロールプレイを用いた研修　88

1．ロールプレイを用いた研修の目的　88
　「中学2年生男子：不登校の架空事例」というテーマで行った研修会の感想例
　　子ども役になってみて　89　／　保護者役になってみて　90　／　学級担任役になってみて　91　／
　　養護教諭役になってみて　92　／　コーディネーター役（学年主任）になってみて　93

2．ロールプレイを用いた研修の手順　94
　（1）子ども参加型チーム援助の話し合いに関するロールプレイ　94
　（2）子どものWANTSとNEEDSの共同決定に関するロールプレイ　98
　・研修シート1　ココロさんのプロフィールシート　100
　　　　　　　2　ココロさんのWANTSシート　101
　　　　　　　3　ココロさんの援助資源チェックシート　102
　　　　　　　4　ココロさんの子ども参加型援助チームシート　103

巻末付録　子どもの学校生活の質を向上させるツール　104

　・シート一覧　104
　　①WANTSシート　106
　　②石隈・田村式子ども参加型援助チームシート　107
　　③田村・石隈式援助資源チェックシートネットワーク版　108
　　④石隈・田村式プロフィールシート　110
　　⑤石隈・田村式個別の指導計画シート　111
　　⑥石隈・田村式アンケートシート（児童生徒版）　112
　　⑦石隈・田村式アンケートシート（保護者版）　113
　　⑧スクール・セーフティネット・チェックシート（小学生版）　114
　　⑨スクール・セーフティネット・チェックシート（中学生・高校生版）　114
　　⑩睡眠＆生活チェックシート　116
　　⑪援助ニーズレベル・チェックシート　118
　　⑫SOSチェックリスト　119

おわりに　子どもから信頼されるおとなに　120

本書のご利用にあたって

　本書では，記入するだけで援助が進む【子ども参加型チーム援助のシート】と【子どもの援助ニーズを早期発見するためのシート】を，巻末資料（P104）として複数掲載しています。シートの一部は，本書のサポートページからファイルでダウンロードすることもできます。方法については，以下の説明をご覧ください。

■シートを利用できる範囲
　本書に収録のシート（HPから提供するファイルを含む）は，本書を購入した読者（個人）が，子どもへの援助を目的に，援助チームの中で利用する場合において，自由に使用することができます。シートの作成・保管に際しては，関係者の個人情報やプライバシーが守られるように十分に注意をしてください。

■シートのダウンロード方法
　本書のサポートページにアクセスし，以下のパスワードを入力してください。リンクが有効になり，ファイルをダウンロードできるようになります。
（図書文化社ホームページの教育図書のページからもアクセスできます）

　　サポートページ　　http://www.toshobunka.co.jp/books/team/team.php
　　パスワード　　　　smile

※本書に収録のシート（ならびにHPから提供するファイル）を，無断で改変・コピー・頒布・公開することを禁じます。シートの転載等を希望する場合は，発行元の出版社を通じて許諾を得てください。

石隈・田村式援助シートによるチーム援助 書籍3部作の特徴と掲載シート一覧
――「チーム学校」を実現するために――

	チーム援助入門 学校心理学・実践編	実践チーム援助 特別支援教育編	子ども参加型チーム援助 インフォームドコンセントを超えて
判型・価格等 発行年	160P，本体2,500円＋税 2003年発行	172P，本体2,400円＋税 2013年発行	128P，本体2,000円＋税 2017年発行
特徴（ウリ）	チーム援助先駆けの本！ 基本の1冊	いまさら聞けない特別支援教育のポイントとチーム援助の事例	子どもの主体性の尊重，自立につながる援助
キーワード	・チーム援助 ・援助資源と自助資源 ・いじめ，不登校，非行など	・特別支援教育 ・個別指導計画 ・発達障害，不登校など	・当事者参加型 ・WANTSとNEEDS ・対等性と協働性
収録シート	\multicolumn{3}{c|}{援助資源チェックシート}		
	●標準版	●ネットワーク版	●ネットワーク版
	援助チームシート		
	●標準版（4領域版） ●5領域版	●5領域版	●子ども参加型（4領域版）
	その他のシートシート		
	●アンケートシート 　（子ども用） ●アンケートシート 　（保護者用2種） ●SOSチェックシート	●プロフィールシート ●個別の指導計画シート	●WANTSシート ●プロフィールシート ●個別の指導計画シート ●アンケートシート（子ども用） ●アンケートシート（保護者用） ●スクール・セーフティネット・チェックシート ●睡眠＆生活チェックシート ●援助ニーズレベル・チェックシート ●SOSチェックリスト
特典	簡単記入CD-ROM付	HPからダウンロード可	HPからダウンロード可

INTRODUCTION

第1章 子ども参加型チーム援助とは

1 子どもの学校生活の質の向上をめざして
―「子ども参加型チーム援助」の提案―

（1）時代のちょっと先を見据えて

　筆者らは，学校心理学の理論にのっとり，約20年前から「チーム援助」の実践を提唱してきました。子どもの問題状況を学級担任だけで援助するのは限界があると，その当時から実感していたからです。そして，学校心理学の考え方をもとに，アセスメント，援助方針，援助の立案が一枚の用紙でできる「援助チームシート」や「援助資源チェックシート」を開発しました。シート類は，学校心理学の理論に詳しくなくても，シートに沿って記入していけば学校心理学の理論に沿った援助ができるという画期的なものでした。A4サイズの用紙1枚という形式も，学校の実際に合わせて考えました。ありがたいことに，現在，全国のたくさんの学校現場で使われています。

　そしてもう一つ，援助の重要な鍵を握る「保護者」を援助チームメンバーに入れることも，同じく約20年前から実践・提唱してきました。「保護者はチーム援助のパートナー」という考え方は，現在ようやく浸透しつつあります。保護者の方々とのつきあい方はむずかしいとの意見も学校からは聞こえてきますが，保護者の意向なしには子どもへの援助がむずかしいこともまた真実です。「子どものために」という目的は一緒なのですから，私たちはこれからも保護者と手を携えていきたいと思います。

（2）子ども参加型チーム援助をいまお伝えする理由とは

　今回，本書が提案する「当事者である子どもを援助チームメンバーに入れる」という考え方も，時代の先を見据えた援助方法です。ですから，「子ども参加型チーム援助」が学校に浸透していくのには，少し時間がかかるかもしれません。それでも私たちは，いま，この援助方法をお伝えしなくてはと思ってペンを取りました。

　平成28年（2016年）から障害者への合理的配慮が義務づけられ，世の中はいっそう一人一人の人権を大切にする方向へ動いています。そして，子ども参加型チーム援助も，子どもの人権を最大限に尊重した援助です。子どもが主役です。

　援助チームに子どもが参加する場合，まず，子どもと援助チームメンバーとの間に信頼関係が築かれていることがなによりも大切です。子どもの気持ちに寄り添いつつ，子どもの願いや思いをていねいに聞き取ることから援助を開始します。そして，子どもの力を信じて任せることが，「子ども参加型チーム援助」が成功するコツとなります。

　「子ども参加型チーム援助」の理論にいまからふれていただき，これからもっともっと重視されるであろう，子どもの人権を重視した援助のために，準備を行っていただきたいのです。そして，準備ができたら，できることから実践していただきたいのです。その実践が積み重ねられることで，学校でつらい思いをする子どもが，1人ずつ減っていくのだと思います。

　そして，つらい思いをする子どもが減ることは，同じようにつらい思いをしている保護者や兄弟姉妹，学級担任や学校関係者が減ることにもつながります。その日が1日も早く訪れることを私たちは願っています。

（3）チーム援助のコストパフォーマンス

　援助チームをつくり，子どもを中心に置きながら，子どもを1人ずつ援助していくのは，時間もかかり，やっかいなことのように感じられるかもしれません。しかし，援助チームに参加した教員や保護者は，そこでの経験を次に生かしていくことができます。また，援助チームで話し合うことで，援助者一人一人の心理的負担が軽減されます。援助スキルの獲得と心理的な安定という意味からも，援助チームは学校全体にとってコストパフォーマンスがよい援助形態と言えます。

　また，子ども自身にとっても，援助チームに当事者として参加し，信頼できる大人たちから援助してもらったという経験は，将来の財産となります。少なくとも「自分はひとり

ではない。信頼できる大人がいた」という実感が，次に出会う教員や援助者への信頼につながっていきます。

（4）「チーム」とは，頭数がそろっていることではなく，お互いに信頼関係があること

　援助チームの構成メンバーは，言うまでもなく「人」です。保護者，教師，コーディネーターら，援助に参加する私たちが，お互いに信じ合うことが大切です。

　チームに参加するということは，「メンバーの体や席が話し合いの場にあればいい」ということではありません。「チーム」での活動力が発揮されるためには，メンバー一人一人に信頼関係があり，互いに尊重し合える関係があることが大切です。

　そして，このことは，子ども参加型チーム援助に，子どもを招く場合も同じです。「子どもの体や席が話し合いの場にあればいい」ということではなく，子どもと援助チームのメンバーに相互の信頼関係が生まれていることが重要です。

　「人を信じる」とは，簡単なようで大変むずかしいことです。まして，近年のIT社会では，情報のツールが増えるにつれて，文明の恩恵を被るとともに，指1本のスマートフォンの操作で信頼関係を失うことも多くなりました。特に子どもたちは，便利さと引き換えに，SNS等で心に傷を受けることが増えています。

　人の言葉を信じることがむずかしい時代だからこそ，私たち大人同士が信じ合えているかどうかを，子どもたちは見ています。子どもは，大人同士の人間関係を見抜く力をもっています。教師同士，教師と保護者，教師とスクールカウンセラー，保護者とスクールカウンセラー，両親の関係等がどうなっているかを，子どもはつぶさに見ています。援助チームの中で，大人同士がコミュニケーションをしっかり取り合う姿を子どもに見せることも，子ども参加型チーム援助を成功させるもうひとつのコツだと言えるでしょう。

＊以下，本書では基本的に「子ども参加型『チーム援助』」という言葉を使用します。「子ども参加型チーム援助」とは，この本の骨子に当たるプログラム名です。ただ，「チーム」に焦点を当てた記述部分については，「子ども参加型『援助チーム』」を使うことがあります。子ども参加型チーム援助の具体的な進め方について，お急ぎの方は第2章からお読みください。

2 子ども参加型チーム援助のねらい

(1) なぜチームで援助を行うのか

　チームで援助を行うことのメリットは何かと問われたら，私たちは迷わず，「子どものニーズにぴったり合った援助案を作成するため」と答えます。チーム援助の肝は，一人一人の子どもにぴったり合った援助案を作成することに尽きると思うからです。どんなに援助者同士がうまくチームを組んでも，肝心な援助案が的確なものでなければ，子どもに役立つ援助を提供することはできないからです。

　例をあげて考えてみましょう。子どもたちの学校生活の歯車は，さまざまなことが原因となり，一時的に欠けてしまうことがあります。このとき，勉強でつまずいている子どもに，「勉強ができなくて辛いね」と気持ちに寄り添うだけでは十分ではありません。また，友達関係で悩んでいる子どもに，「気にするな。あなたは優秀だ」とほめても，その子の助けにはなりません。つまり，その子が学校生活を送るにあたり，うまくいかなくなったことへのジャストフィットの援助が必要となります。援助が足りなくても，多すぎても，元どおりにはなりません。しかし援助がジャストフィットすると，子どもの歯車がうまく回転するようになり，学校生活での苦戦が減ります。

　援助をジャストフィットさせ，歯車をうまく回転させるためには，適切な心理教育的アセスメントが必要となります。まず，複数の援助者がチームとなり，それぞれの情報を共有します。次に適切なアセスメント（情報収集とまとめ）から援助方針を決定し，援助方針に基づいて「具体的」「スモールステップ」の援助案を立てることが求められます。このようにして作成された，子どもにジャストフィットした援助案が，援助チームの肝となります。

（2）当事者主体がなぜ必要か

　では次に，なぜ援助案を作成するときに当事者である子どもをメンバーに入れる必要があるかについて，3つの視点から考えてみます。

① 援助のゴールの設定

　子どもの援助には長期的視点が必要です。子どもは常に成長，発達していきます。したがって，「いま何が必要か」という援助のほかに，1年後，5年後，10年後を見据えながら，「子どもがどうなりたいか」に沿って援助のゴールを設定していくことが必要です。

　将来の「進路」や「自立」につながる援助を考えるためには，いまは漠然としたものであっても，当事者の願いや思いを大切にし，それを尊重していくことが大切です。そのためにも当事者である子どもが援助チームに参加している必要があります。

② 変化への意欲と責任

　受け身の援助には，行き詰まりがつきものです。なぜなら，受け身の援助には，当事者の子どもに「やらされ感」がつきまといます。さらに，うまくいってもうまくいかなくても，結果責任は「やらせた方」がとるので，子どもには責任が伴いません。責任をもたせてもらえないことで，逆に子どもの意欲を削いでしまうこともあります。変化するためには，子ども自身の意欲や主体性が重要なのです。

　さらに，困難な状況を解決するには，子ども自身にも努力や責任を伴った行動が求められます。自分で責任をもって取り組むからこそ，変化した自分や努力の成果を子ども自身も感じることができます。そして，このようなポジティブな手応えが，さらに次の変化への意欲につながっていくのです。子どもが変化するためには，子どもが主体的に活動できるように周りが援助することが必要となります。

③ 気持ちの共有と納得

　子どもが援助チームに参加することで，子どもの気持ちの共有はもちろんですが，「これから行っていく援助内容への納得」と「配慮ができなかったことがあった場合の納得」の2つを得ることができます。例をあげます。

　子どもの進級にあたって，子ども参加型援助チーム（子ども，母親，学級担任，生徒指導担当，コーディネーターの5人）で次年度の話し合いを行ったときのことです。話し合いの後，子どもは，「自分の気持ちをわかってもらえた。すべて希望どおりにならなくても，わかってもらえただけですっきりした」と感想を述べました。母親の感想も，「先生方に直接伝えられると安心感がある。子どももその場にいるので，とても安心したし，子どもがいると気持ちが伝わりやすいと思う。もし学校が配慮できないことがあったとしても，

こちらの気持ちはすべて伝えてあるし，先生方からもすべて配慮ができるとは限らないことも聞いているので，納得できる」というものでした。

　カウンセリングの効果は，「相手に気持ちをわかってもらったと本人が実感したときに，自ら変わろうとする気持ちが生まれること」だと言われています。子ども参加型チーム援助において，援助チームに子どもを招き，当事者の気持ちを聞き取ることの重要性がここにあります。また，「納得」とは，メリットとデメリットを理解したうえで，「受け入れることができる」「認めることができる」ということですから，本人の納得が得られるかどうかは，援助案を考えるうえでとても大切なことだと思います。

（3）意思決定のプロセスがより重要に

　当事者主体の援助を進めていくためには，援助を受ける子どもや保護者と援助者が，援助方針や援助の内容について共同の意思決定を行う必要があります。つまり，医療現場のようなインフォームドコンセントが必要だということです。

　医療におけるインフォームドコンセント（Informed Consent）とは，患者が説明を受け，十分に理解したうえで，自らの自由意思に基づいて，治療方針について医療従事者と合意するプロセスです。患者側も納得するまで質問し，説明を求めなければならないとされています。日本では，日本医師会が「説明と同意」と訳し，患者の自己決定権を実現するシステムあるいは一連のプロセスであると説明しています。

　インフォームドコンセントにおいては，医師は患者に，複数の情報をできるだけバイアス（先入観）を少なくして提供することで，患者の選択権を広げる義務があります（東中須，2008）。そして患者は，治療の選択肢について十分な説明を受けながら，自主的判断に基づき医療に参加する権利と義務があるのです。

　医療においては医療従事者が治療に関する専門性をもつのに対して，学校教育においては，子どもの成長に関する専門性は教師だけでなく，保護者や子ども自身にもあると言えます。したがって，子ども参加型チーム援助の場合は，子どもの成長や問題解決に関する情報の収集や援助の方法の選択肢を整理する段階から，子ども・保護者が教師・スクールカウンセラーらのチームワークに参加することになります。そこで，インフォームドコンセントを超えた，対等性と信頼関係に基づく共同の意思決定が必要となるのです。

（4）子どもと援助者が共有しておく３つのこと

　子ども参加型チーム援助では，チームの主役である子どもは，自分の願いやしてほしい援助を周囲に伝える権利をもちます。また，チームの援助方針を共同決定したあとは，それをコンサルティとして実行する責任を負います。また，子どもには，援助案を断る自由も保障されています。

　このように，当事者である子ども・保護者・援助者が，対等なパートナーとしてかかわることのできる関係を，「**相互コンサルテーション**」と呼びます。

　通常の「コンサルテーション」では，助言する人と助言を受ける人は固定されています。助言を受ける人は，助言について断ることができます。助言を受けた人は，助言をもとに意思決定を行い，実行に伴う結果責任は助言を受けた人が取ります。いっぽう「相互コンサルテーション」では，参加者全員が，助言をする人にも助言を受ける人にもなります。そのため，意思決定も共同で行い，結果責任は全員が取ります。つまり，援助者からの一方的なものではなく，子ども任せでもない，対等性と信頼関係に基づく，共同の意思決定を子ども参加型チーム援助ではめざしているのです。

　共有された情報をもとに，当事者である子どもの意見を尊重しつつ，援助方針や援助案について，全員で意思決定するプロセスでは，お互いの信頼関係が基盤となります。また，援助内容を決定する際には，お互いに質問することや拒否することができ，保留や延期もできるようにしておくことが鍵となります。

　このように，子ども参加型チーム援助では，それぞれがパートナーとなるための重要な要素である「対等性と協働」が求められます。ここで特に大切なポイントが，子どもと援助者が次の３つを共有していることです。

① 危機の共有

　子どもの危機に際して，子ども，保護者，教師，コーディネーターら，援助チームのメンバーが互いに情報を共有していることが重要となります。

　共有する情報の中身は，援助のプロセスのありとあらゆる場面で伝えられる内容が該当します。例えば，事実に基づくアセスメントや援助方針，援助の提案であったりします。

　情報を伝える人は，誤解が生じないようにできるだけ「わかりやすい言葉」で「専門用語は使わずに」「ていねい」に伝えます。情報を受け取る人は，伝えられた情報を鵜呑みにしたり自己流に解釈したりせずに，質問をしたりして必ず「確認」をします。

② 責任の共有

　援助チームで情報を共有し，共同の意思決定がなされた援助の内容について，援助チー

ムの全員が責任を共有します。当事者である子どもも責任をもつ必要があります。子どもを主役にするということは，「子どもにも責任をもたせる厳しさが伴う」ことを，援助者も認識しておく必要があります。

③ 希望の共有

学校生活において苦戦を強いられたりつまずいたりしている子どもは，自尊心が低くなり未来に希望がもてない状況になることがあります。希望がもてなくなったとき，人は容易に絶望を味わいます。絶望は人を追い詰めます。

援助が開始されることで子どもや援助者が子どもの未来にいいイメージをもち，そのイメージを互いに共有することで子どもは希望をもつことができます。さらに，援助者が子どもを肯定的に見ることが，子ども自身が自分を肯定する原動力になり，希望をもつことにつながっていきます。

（5）援助を子どもの言葉で語る──WANTSとNEEDSの把握──

援助者と共同で行う意思決定について，子ども自身も，意思決定に加わることの意味や必要を感じているかは，とても重要です。そのためには，子ども参加型援助チームの援助のプロセスにおいて，子どものWANTSとNEEDSをていねいに把握しておくことが求められます（石隈，2013）。

① WANTSとNEEDSとは

WANTSとは「したいこと・したくないこと・してほしいこと・してほしくないこと」で，NEEDSとは「ある目的（教育・成長，問題解決における援助）のために必要なこと」です。以下に，筆者（田村）が援助を受けた経験から，例をあげて説明します。

筆者は膝に怪我をして，歩くたびに膝が痛み，歩行がかなり困難な状態でした。WANTSは「膝を元通りにしたい」，NEEDSは「元通りになるための治療」でした。

そこで，A病院に行き，レントゲン撮影の結果，シップと痛み止めの薬が処方され，リハビリを受けました。これは，私のWANTSとNEEDSに合っていました。しかし，しばらくして，私のWANTSは「膝は元通りになりたいけど，リハビリは受けたくない」へ変わりました。リハビリでは関節を強く刺激する運動を行うため，痛みが生じ，歩行困難がかえって助長されてしまうからです。そのことを医師とリハビリ担当者へ伝えたところ，私のWANTSは却下され，リハビリは必要だから継続するよう勧められました。私はやむなくA病院への通院を中断してしまいました。

しばらくして私はB病院へ行きました。そこでの私のWANTSは，A病院のときと同じ

「膝は元通りになりたいけど，リハビリは受けたくない」でした。B病院では，膝の状態についてのていねいな説明があり，まずは痛みを減らすことが目標になりました。私が治療方針に同意すると治療が開始されました。通うたびに痛みの度合いを聞かれ，3ケ月ほどで痛み止めはいらなくなり，半年後にはリハビリを勧められました。リハビリは気が進まなかったのですが，医師との信頼関係もあり，勧められるままに受けてみました。すると，これまでのリハビリとはまったく違うものでした。膝の状態についてのアセスメントと，膝痛のメカニズムについて，リハビリ計画書とともにていねいな説明がなされました。そのとき，「リハビリを継続すると，かなり元通りに近い膝になれる」という先の見通しについての説明も受けました。「よくなる」という希望が見え，治療とリハビリを継続することで，実際に痛みは激減していきました。

　このような経験から，私は次の2つのことを学びました。

　1つめは，援助者が子どものWANTSに耳を傾けることの大切さです。「よくなりたいならリハビリをしましょう」が正論だったように，子どもへの援助内容の多くは正論です。私は大人ですから，「リハビリを続けることが嫌だ」というマイナスのWANTSを医師へ伝えることができました。なぜ嫌なのかも，言語化することができました。さらに，A病院で私のWANTSが受け入れられなかったとき，病院を変えるという決断もできました。しかし，これが，もし子どもだったらどうでしょうか。「嫌だ」という思い（マイナスのWANTS）を，大人が納得できるように子どもは伝えられるでしょうか。そこに，大きな落とし穴があると思います。

　2つめは，援助者が子どもに本人の状況（アセスメント）を適切に伝えることの大切さです。A病院では，「とにかく膝の曲げ伸ばしが必要」という説明でリハビリが行われました。いっぽうB病院では，研究結果も交えながら「なぜ膝がこうなっているのか，これから何が必要なのか」という説明がありました。リハビリ計画書も事前に示され，それをもとに，私は自分のリハビリ内容を相談しながら決めることができました。さらに，リハビリ結果は月に1回評価され，書面でフィードバックされました。これも，大きな安心感へつながりました。

② めざすのは子どもの言葉で語れる援助

　私たちは，時に子どもへの十分な説明なしに，「とにかくこれが必要」と大人が立てた援助案を押しつけてしまうことがあります。それでは，子どもにとって，意味もわからず行動させられているということになります。しかも，逃げ場がありません。

　子ども参加型チーム援助では，アセスメントの内容や援助方針を，子どもにわかる言葉で可能なかぎり説明し，子どものWANTSに耳を傾けながら，子どもと共同で意思決定す

ることが，とても重要なことがわかっていただけると思います。

SUPPORT

第2章 子ども参加型チーム援助の進め方

1 子ども参加型チーム援助の進め方とは

(1) 援助チームとは

　子ども参加型チーム援助の説明に入る前に、援助チームとはどのようなものかについて、まず、少し説明します。

　学校心理学では、援助チームを「援助ニーズの大きい子どもの学習面、心理・社会面、進路面、健康面における問題状況の解決をめざす複数の専門家と保護者によるチーム」と定義し、できるだけ子どもの援助者が「目に見えるチーム」を作成し連携して子どもを援助することが望ましいとしています（石隈，1999）。

　援助チームの意義として、主に次の3点があげられます。

・子どもの学校生活での援助を統合的に進めるために必要な援助資源を発見し、効果的なコーディネーションが行えること
・子どもに関する情報や援助目標を共有化し、援助に関して役割分担を行うことで援助資源の活性化や活用ができること
・チーム援助のプロセスにおいて、援助者自身の援助力が向上すること

　援助チームには次の3タイプがあります。本書のテーマである子ども参加型援助チームは、教師・保護者・コーディネーターからなる「コア援助チーム」に当事者である子どもを加えた、子どもの主体性をより尊重する形態の援助チームです。コア援助チームや子ども参加型援助チームに、学年主任・養護教諭・生徒指導担当・特別支援教育担当・教育相談担当などが加わると「拡大援助チーム」になります。さらに、学校外の関係機関等とも

連携したチームが「ネットワーク型援助チーム」です。

① コア援助チーム……おもに保護者・教師・コーディネーターが援助チームの核となり，直接的・間接的に子どもの援助を主導する形態。定期的に相互コンサルテーションやコンサルテーションを行う。子ども参加型援助チームはこの形態に「当事者である子ども」が入る。

② 拡大援助チーム……コア援助チームをベースに子どもにとって必要な学校内外での援助資源（学年主任・適応指導教室相談員等）に参加を依頼し，作戦会議（石隈，1999）を位置づけながら援助していく形態。人数は4～8人までが適当である。

③ ネットワーク型援助チーム……拡大援助チームのメンバーが保有するネットワークを通じて広く援助を要請する形態。上記の①②のすべての要素を含み，さらに外部機関やボランティア等さまざまな援助資源が関わる。このタイプの場合は援助者が一堂に会することは稀であるが，コーディネーターが他の援助者との連絡・調整役を行い連携をはかる。コーディネーター役は1人～複数存在する。

（引用：『学校心理学ハンドブック』援助チームとは　援助チームの実際とは　田村）

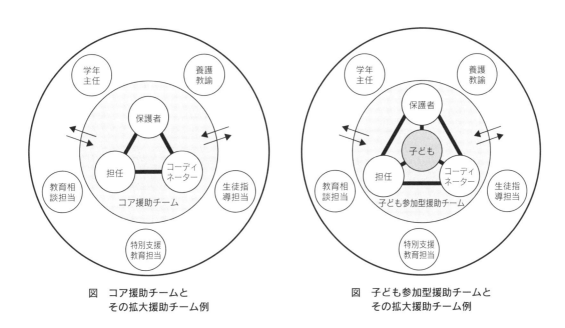

図　コア援助チームと
　　その拡大援助チーム例

図　子ども参加型援助チームと
　　その拡大援助チーム例

（2）援助のプロセスの4つのパターン

　次に，子どもへの援助は，どのようにスタートするのでしょうか。本人や保護者からの要請によって援助が始まる場合もありますが，たいていは「あれ？　何か変」という教師による気づき（気づきの卵）によって開始されます。それ以前に，子ども自身がSOSのサ

イン（例えば，学力低下，不登校，非行など問題状況）を発しており，その問題解決に向けて援助が始まる場合もあります。

　さらに，援助が開始されてからフォローアップまでの過程（PLAN→DO→CHECK→ACTION）には，おもに次の4つのパターンがあります（下図参照）。本書が提案する「子ども参加型チーム援助」は，パターン4にあたります。

パターン1…学級担任が1人で援助内容を考え，援助し，フォローアップします。
パターン2…学年会，生徒指導委員会等が援助方針・案を考え，学年会等での「援助チーム」で援助し，チームメンバーで振り返りおよびフォローアップを行います。
パターン3…学級担任，コーディネーター，保護者などが援助方針・案を考え，学級担任，コーディネーター，保護者など「コア援助チーム」で援助し，チームメンバーで振り返りおよびフォローアップを行います。
パターン4…学級担任，養護教諭，スクールカウンセラー等が子どものWANTSとNEEDSを把握し，パターン3に子どもを加えた**「子ども参加型援助チーム」**で援助し，チームメンバーによる振り返りおよびフォローアップを行います。

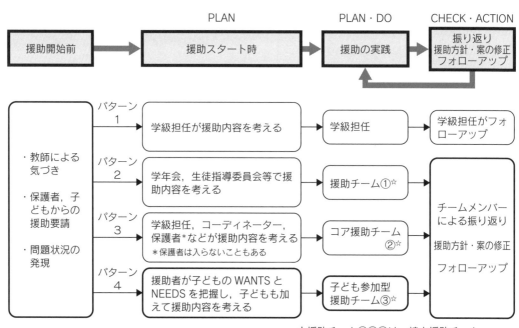

図　援助の4つのパターン

（3）子ども参加型援助チームによる相互コンサルテーションの流れ

「子ども参加型援助チーム」のメンバーは，当事者である子どもと一緒に，下記①から⑤までの過程を繰り返していきます。

「子ども参加型援助チーム」による相互コンサルテーションの流れ
①　心理教育的アセスメントを行う。 ②　援助方針を立てる。 ③　援助案を考える。 ④　援助案を実行する。 ⑤　実行した結果を評価する。

①～⑤までの一連の過程は，「相互コンサルテーション」と呼ばれます。この流れに基づき，子どもや援助者の自助資源を有効活用し，さらに他の援助資源が必要な場合には，その力を借りて援助していきます。

このように，「子ども参加型チーム援助」では，援助を受ける当事者である子どもが援助チームにメンバーとして参加することで，援助方針や援助案を決める過程において，子どもが主体性を発揮することが期待できます。

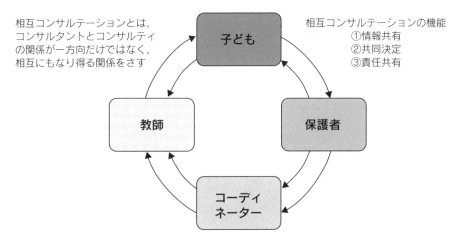

図　相互コンサルテーションにおける
　　コンサルタントおよびコンサルティの関係

（4）子ども参加型援助チームの２つのタイプ

　子ども参加型援助チームには，大きく分けて「三者面談活用タイプ」と「援助チームタイプ」があります。さらに，それぞれのタイプにおける複数のバリエーションがあります。以下に，各タイプの特徴と活用のポイントについてご説明します。

表　子ども参加型援助チームの２つのタイプ

タイプ	バリエーション	
①三者面談活用タイプ	A	教師主導型
	B	ファシリテーター型
②援助チームタイプ	C	直接参加型
	D	アドボカシー（代弁）方式：間接参加型
	E	子どものプレゼンテーション方式：間接参加型

① 三者面談活用タイプ

　従来の三者面談や家庭訪問を生かした子ども参加型援助チームのあり方です。「三者面談活用タイプ」のバリエーションとして，教師主導型とファシリテーター型があります。

A）教師主導型

　親子に対して教師が一方的に意見を伝えるのではなく，子どもの気持ちを配慮して行う三者面談は，子ども参加型援助チームの形態のひとつです。

　例えば，通常は１人10～15分くらいの三者面談の場を利用して，ちょっと気になる子どもの順番を最後にまわし，30分くらいの話し合いをするのはよくあることだと思います。子どもの感情に配慮し，子どもの主体性を尊重した三者面談は，子ども参加型援助チームとしてとらえなおすことができます。※WANTSシートの質問項目も活用できます。

＜教師主導型＞
三者面談は子どものWANTSとNEEDSを保護者と一緒に聞くことができるチャンス

B）ファシリテーター型

　三者面談において，教師がファシリテーター（話し合いの進行役）となって，おもに子どもと保護者に話し合ってもらい，それを観察しながら面談を行うのも子ども参加型援助チームのひとつのタイプです。

　教師は子どもの発言に注目し，「どうなりたいか」を子どもや保護者から聞いて，まとめていきます。つまりファシリテーターとしての教師は，自分の意見を打ち出すのではなく，子どもや保護者から情報を聞き出し，それをまとめて子どもと保護者の意見が合意できるように導く過程をコーディネートしていきます。

　面談での話し合いを観察する過程で，教師は，親子の発言内容や親子の力関係など，親子関係のあり方についても情報を得ることができます。保護者と子どものやりとりにおいて，保護者が主導権を握っている場合には，子どもが本音を話さないときがあります。子どもの気持ちを保護者も一緒に聞くように保護者へ促すことがポイントです。

　なお，家庭訪問も，三者面談活用型の援助チームとして活用することができます。子どもと保護者がいる場に先生が同席し，同席している子どもの意見を尊重することを第一に考えます。保護者とばかり話をする二者面談となってしまわないように注意します。

＜ファシリテーター型＞
三者面談を通じて親子の対話を促進し，子どもが WANTS や NEEDS を語りやすくする

② 援助チームタイプ

　援助チームの中に子どもを招き入れるタイプのチームのあり方です。「援助チームタイプ」のバリエーションに，直接参加タイプと間接参加タイプがあります。

C）直接参加型

　子ども参加型援助チームの基本形で，子どもが直接メンバーとして参加します。チームに直接参加することで，子どもは意見表明をできますし，援助者も子どもの意見を直接聞きながら援助案を作成できるため，援助が円滑に進みやすいという利点があります。また，このタイプの援助チームは，常に子どもがチームにいるので，援助案が適切に引き継がれ，子どもにぴったりの援助ができるというメリットがあります。

　次年度へ向けての子ども参加型援助チームでの話し合いは，クラス編成や学級担任が決定する前の2月ごろに行うことがポイントです。また，大きな問題状況がある場合，小学校から中学校への引き継ぎにも子どもが参加すると大変有効です（P60，事例1参照）。

＜直接参加型＞
　援助チームに子どもが
　メンバーとして参加する

D）アドボカシー（代弁）方式：間接参加型

　子どもが，援助チームに直接入ることに抵抗を示す場合があります。そのときは，子どもから事前に聞き取ったことを，援助者（保護者，養護教諭，スクールカウンセラー等）がチームの中で代弁する形態をとります。これをアドボカシー方式といいます。

　子ども参加型援助チームにおけるアドボカシー方式とは，「子どもの権利を守り，子どもが自由にWANTSやNEEDSを表明することを手助けする。子どもがNEEDSを意識できないときには，仮説を立てて，ていねいに子どもに説明し，WANTSを考慮したNEEDSを共同で意思決定することにより，必要な支援を受けられるようにする」ことを意味します。子どもと信頼関係があり，子どもが本音を伝えられる人が，子どもの代弁者（アドボカシー）となります。

　このように，アドボカシー方式では，代弁者には自分自身の価値観を脇において，子どもの願いや思いを正確に代弁する責任が伴います。また，発達障害，不登校，いじめ，非行，貧困などに直面している子どもたちは，追い詰められ，自尊心も低下し，自分の権利を主張することをあきらめている場合もあります。ほんとうの願いを伝えることができるように，代弁者には根気よく子どもと向き合い，話を聞いていく姿勢が求められます。

＜アドボカシー方式＞
教師や援助者が子どもの代弁者となって，子どものWANTSやNEEDSを語る

「勉強はしたい。でも教室には入りたくない」がメイちゃんの本音です

E）子どものプレゼンテーション方式：間接参加型

　子どもが援助チームの話し合いの場に直接参加はしないものの，伝えたいことをプレゼンテーションするという方式もあります。子どもが話しているところをビデオカメラやスマートフォンで撮り，援助チーム会議でノートパソコンやタブレットを使って再生します。

　アメリカでの例ですが，自閉症のある子どもが会議への出席を嫌がったため，プレゼンテーション方式をとったケースがあります。チームでの作戦会議の前に，本人の自己紹介と願い等を子ども自身が撮影したビデオ（約10分）を視聴します。その内容を参考にして，援助チームで援助方針や援助案を考え，決定します。そして話し合い後に，援助チームのメンバーが，援助方針と援助案を子どもに伝えます。

　プレゼンテーション方式のいいところは，参加ができなくても，子どもが自分で自分の言いたいことを伝えられることです。代弁するときのように，大人の主観が混じることが少ないことも利点です。また，子どもの生の声や表情から非言語の情報も伝わるので，語られる子どもの願いや思いが説得力をもちます。顔を見られることに抵抗がある場合は，子どもの声を録音したり，子どもに手紙やメールを書いてもらうことで，代用することも可能です。

＜プレゼンテーション方式＞
映像などを使って，子どもが生の言葉でWANTSとNEEDSを語る

第2章：子ども参加型チーム援助の進め方

2 子どものWANTSとNEEDSのアセスメント

（1）援助チーム立ち上げのための心理教育的アセスメント

　コーディネーターは，援助チームの立ち上げが必要かを判断するために，子ども，保護者，担任教師への心理教育的アセスメントを行います。アセスメントで得た情報から，子ども参加型援助チームの立ち上げが必要かどうかを判断するのは，コーディネーターの役割です。

　援助チームが展開するまでのプロセスを図で示すと，下記のようになります。

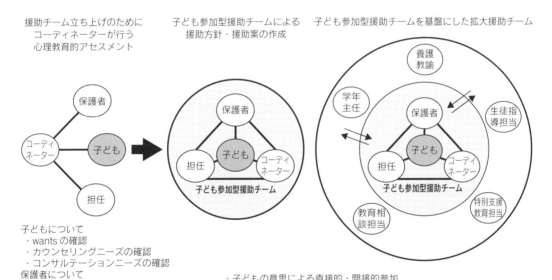

図　子ども参加型援助チームの成立プロセス(S.Tamura, 2015)

　コーディネーターが，子ども，保護者，教師に対して行うアセスメントの内容は次のとおりです。

子どもについて

・WANTSのアセスメント
・カウンセリングニーズのアセスメント
　子どもの不安や悩みの程度をアセスメントします。

SUPPORT

・援助ニーズのアセスメント

　子どもがどのような援助を求めているかについてアセスメントします。

保護者について

・カウンセリングニーズのアセスメント

　子どもの問題状況から発生する不安や悩みなど，精神的なストレスについてアセスメントをします。ストレスが大きな場合にはカウンセリングを勧めます。

・援助ニーズのアセスメント

　子どもの問題状況について，保護者として何に困っているのか，どうしたいと思っているのかについて確認します。

教師について

・援助ニーズのアセスメント

　子どもの問題状況について教師として何に困っているのか，どうしたいと思っているのかについて確認します。

（2）WANTSシート（Wants And Needs Thinking Sheet）の使い方

　このように，援助チームを立ち上げる過程で，コーディネーターはアセスメントを行い，子どもの欲求（WANTS）を十分に聞いてどのようなニーズ（NEEDS）があるかを確認し，WANTSとNEEDSをつなげる役割を担います。どんなにすばらしい援助案を作成しても，それが子どものWANTSを無視したものであったり，子どもがNEEDSの意味を理解していない場合には，援助案が実行されない場合があるからです。

　子どものWANTSとNEEDSのアセスメントを行うためには，コーディネーターは下記のSTEP1～STEP5を行います。STEP1～STEP5の流れを1枚のシートにしたWANTSシート（Wants And Needs Thinking Sheet, P106参照）を使うと便利です。

> **STEP1：子どものWANTSのアセスメント**
> 　　　　（子どものしたいこと・したくないこと，してほしいこと・してほしくないこと）
> 　STEP1～5のアセスメントを始める前に，まず下記の3つを確認しておきます。
> 　　□子どもと援助者が本音を語ることができるような信頼関係があるかどうか。
> 　　□受容的な雰囲気のなかで「したいこと」「したくないこと」をていねいに聞き
> 　　　取ること。
> 　　□感情を十分にくみ取るように心がけること。

上記が確認できたら，まず初めに「子どもが今，困っていること」について聞き取ります。「今，困っていることは何ですか。具体的に教えてください」と子どもに質問します。多くの子どもはカウンセリングニーズや援助ニーズを一緒に語りますが，ここでは子どもが困っていることに焦点をあてて，願いや思いをひたすら聞きます。
　次に，いま語ってくれた「困っていること」について，「どうしたいか。どうしてほしいか。または，したくないか，してほしくないか」を，理由とともに聞き取ります。聞き取った内容が，子どものWANTSになります。

STEP 2 : 子どものカウンセリングニーズのアセスメント
　　　　　（子どもが悩んでいること）

　子どものカウンセリングニーズを確認します。最初に下記の5つの事柄について聞き取りを行います。子どもの訴えに耳を傾け，否定せずに，語尾を繰り返したり，感情を明確化したり，受容的な聞き方を心がけます。

　　□最近眠れない日が多いか。
　　□体調が悪いことが多いか（顔色や表情にも着目）。
　　□学校生活で苦戦していることがあるか（対人関係・学習・運動等含む）。
　　□落ち込むことや不安になる日が続いているか。
　　□消えてしまいたい（死んでしまいたい）と思う時があるか。

　1つでも☑があったらカウンセリングを開始します（スクールカウンセラー，養護教諭，教育相談担当等へつなげる）。
　次に，子どもが悩んでいる内容について聞き取ります。悩みの深刻度によっては医療や他機関へつなげます。

STEP 3 : 子どものコンサルテーションニーズのアセスメント
　　　　　（子どもの成長・発達にとって必要なことや望ましいこと）

　「子どもが今，困っていること」に対して何が必要か，4つの領域（学習面，心理・社会面，進路面，健康面）のニーズを子どもと共同で考え，決定します。援助ニーズを子どもが意識していなかったり言語化できない場合も多いため，援助者が仮説を立てて，ていねいに説明し，確認していきます。その際には，子どもの感情に注意を払い，子どもの主体性を尊重し，STEP 1で聞き取ったWANTSの中身（したいこと・したくないこと）も十分考慮します。WANTSが無視された援助案を考えても実行されないことが多いため，注意を要します。
　また，援助ニーズは4つの領域すべてにわたる場合もあれば，1つの領域だけのこともあります。心理検査等が必要な場合には，保護者の了解を得て施行し，保護者と

子どもへフィードバックします。
　共同決定されたニーズは，STEP4，STEP5を経て立ち上げられた子ども参加型援助チームで考えるときの材料とします。もし共同決定の過程で援助案が出された場合には，それを援助チームに仮提案することも可能です。

STEP4：援助ニーズの共同決定

　子どもがSTEP3の結果に納得しておらず，援助ニーズを共同決定できない場合には，STEP1からやり直すか，聞き取る人を替えてみます。

　子どもとSTEP3について共同決定した場合には，その情報を基に個別での援助を開始し継続していきます。援助の途中経過や結果については，他の援助者（管理職，教師，スクールカウンセラー等）と情報共有します。

STEP5：子ども参加型援助チームの立ち上げ

　必要に応じて子ども参加型援助チームを立ち上げ，STEP1～3の情報をもとに，保護者，教師，コーディネーターらとチーム援助を開始します（P75，事例2のように，子ども参加型援助チームを立ち上げずに個別の援助の継続で終了する場合もあります）。

3 子ども参加型チーム援助の進め方

（１）子ども参加型援助チームのメンバー

　子どものWANTSとNEEDSのアセスメントを通して子ども参加型援助チームの立ち上げが決まったら，コーディネーターは，相互コンサルテーションにもとづき，参加している子どもの意見を尊重しながら，援助方針や援助案についての話し合い（作戦会議）をチームで行います。具体的な進め方について述べます。

① 参加する子どもの年齢

　チームに参加する子どもは，「自分の気持ちをある程度は言語化できること」が条件となります。一般的には小学校４，５年生以上となります。

② チームのメンバー

　チームの最少の人数は，当事者である子ども，保護者，学級担任，コーディネーターの４人です。話し合いの内容に応じて参加者が増えます。子どもの様子を家庭で把握している保護者が入ることが重要ですが，保護者の事情（例えば生計のために仕事を休めない）や，保護者と子どもとの関係が悪化している場合には，チームに保護者が入らないこともあります。そのようなときには，事前に保護者に話し合いをすることを伝え，保護者の願いや思いを聞いておきます。そしてチームで話し合った内容を，コーディネーター等から保護者へ伝えます。ただし虐待が疑われる場合には，この限りではありません。

③ コーディネーターの役割

　話し合いにおいて，コーディネーターは下記の５つについてリーダーシップをとります。

・話し合いの前に，子どものWANTSとNEEDSのアセスメントをていねいに行います（P35参照）。WANTSシートのSTEP３で確定された援助ニーズは，子ども参加型援助チームシートの援助ニーズ欄（Ｂ欄）へ転記しておきます。
・話し合いの際の子どもの座席位置に配慮します（例：保護者の隣や，子どもが安心できる人の正面に）。
・話し合いでは子どもの感情に注意を払い，子どもの主体性を尊重します。
・決定した援助案の実行を参加者（子どもも含む）に促します。次回，うまくいったことといかなかったことを確認し，修正します。
・上記の過程を定期的に繰り返します。話し合いの間隔は，毎週・隔週・月１回・学期１回等，問題状況の深刻さに応じて決定します。

④ コーディネーターに求められる資質

　援助チームのコーディネーターには，SSKKJJの6つが必要なことが，研究によって明らかとなっています。

> S…信頼関係（親と学校の両方に信頼関係がある，ないしは構築できること）
> S…専門性（子どもを理解したり援助するための専門性があること）
> K…権威（専門性を保証する身分や資格などの権威があること）
> K…権限（学校における子どもの環境を整える際に発動できる権限があること）
> J…情報集約（多面的な情報を集約し共通理解を促進できること）
> J…情（子どもや親，先生に対し，人間味のある対応ができること）

　コーディネーターが1人で上記すべてを満たすことはむずかしいですが，少なくとも「信頼関係」「情報集約」「情」と，ある程度の「専門性」を兼ね備えていることが望ましいでしょう。特に「情」があるかどうかを，子どもは敏感に察知します。子ども参加型援助チームのコーディネーターは子どもを肯定的に見ることができる人が望ましいでしょう。

　他の足りない部分については，条件を満たす人を援助チームに加えます。例えば「心理の専門性が足りないな」という場合にはスクールカウンセラー，「特別支援の専門性」ならば特別支援コーディネーターや巡回相談員等に，援助チームに入ってもらいます。

　また，コーディネーターに「権限」が足りない場合には，管理職や教育委員会の指導主事に，メンバーとして直接的・間接的に参加してもらうことも可能です。個々のケースに合わせて，必要な条件を満たすことのできるメンバーを選択することも，コーディネーターの重要な役割です。

（2）話し合い（作戦会議）の進め方

　話し合い（作戦会議）の進め方は，これまでの援助チーム（既刊『チーム援助入門』『実践チーム援助』参照）とほぼ同じです。子ども参加型援助チームシート（P107）に記入しながら，コーディネーターが司会者となって話し合いを進めていきます。また，話し合いの参加者と，話し合いのなかで発見された子どものサポーターを，援助資源チェックシート（P108）に記入していきます。

第2章 子ども参加型チーム援助の進め方

話し合う前に

子ども参加型援助チームシートの右上の日時の欄に記入します。

①**日時**：上段と下段に分かれています。

上段…当日の日時を記入します。

下段…話し合いが終わった後に次回の話し合いの予定を記載します。下段の日時に援助の結果を評価する話し合いを行います。次の話し合いが決まっていることで、子どもや保護者は援助案を実行するためのモチベーションが保てます。

②**参加者**：参加した人の名前を記載します。

③**苦戦していること**：話し合う目的となるものです。現在の問題状況について記載します。

アセスメント

4領域についてアセスメントを行います。

①**A欄**：自助資源について

4領域においていいところを子どもの意見も交えて話し合います。よい援助を行うためには欠かせないアセスメントです。

・学習面（好きな教科・得意な教科・やりやすい学習方法・学習意欲など）

・心理・社会面（性格のいいところ・楽しめることやリラックスすること・人とのつきあい方）

- 進路面（得意なことや趣味・将来の夢やあこがれの人・役割やボランティア・進路希望）
- 健康面（体力や健康状況・健康維持に役立つこと）

②B欄：援助が必要なところ

　4領域において援助が必要なところについて話し合います。子どもから順番に何について困っているのかを聞いていきます。
- 学習面（成績の状況や学習の様子，苦手だったり遅れが目立つ教科，学習意欲）
- 心理・社会面（性格の気になるところ・気になる行動・人とのつき合い方など）
- 進路面（目標や希望の有無・進路情報など）
- 健康面（健康面で心配なこと・こだわりや癖・気になる体の症状）

※WANTSシートのSTEP3（P37）で共同決定した結果は，あらかじめB欄に転記しておき，子どもと一緒に全員で確認します。

③C欄：これまで行った援助とその結果

　B欄の援助が必要なところについて，これまで行った援助とその結果について話し合います。援助の事実について箇条書きで簡潔に記載します。子どもにも率直に聞きます。

　これまで行った援助で結果がうまくいかなかったことはやめ，うまくいったことは継続するというのが鉄則です。

援助方針

④D欄：この時点で必要なことや大切なこと

　A欄からC欄までの情報を参考にして，この時点での大きな方針を立てます。
　ひとつでもふたつでもかまいません。

援助案

⑤E欄：援助の立案

　D欄の方針に沿って，B欄の援助が必要なところについて，A欄（自助資源）とC欄（援助をしてみた結果）を考慮して子ども・保護者・援助者ごとに援助案を考え各枠内に記入します。

　援助案は次の4つのサポートを参考にして考えます（House・JS，1981）。
- 情緒的サポート…声をかける，話を聞く，見守るなど
- 情報的サポート…情報を提供する，アドバイスなど
- 評価的サポート…いいところや工夫したほうがいいところを伝えるなど
- 物理的サポート…相談する時間を設ける，プリントを渡すなど

⑥F欄：誰が行うか

　E欄で決まった案について，誰が行うかについて各枠内に記載します。

⑦G欄：いつからいつまで行うか

　各枠内にて援助期間について明確にします。援助期間を決めたら必ず次回の話し合い日時を決めて，チームシートの右上の日時の欄の下段へ記載します。ここに日時が書かれていることで，その日に援助の結果を評価することが明確となります。

（3）子どもを対等なパートナーとするために

① 子どもへ必要な配慮

　子ども参加型援助チームの話し合いで，とくに子どもへ必要な配慮は以下の5点です。

○チームの中で本音が言えるように配慮する。

　大人の中に子どもが1人で入った形となりますから，子どもが緊張することもしばしばです。緊張すると本音が言えません。コーディネーターや援助チームメンバーは，柔和な表情で時には冗談なども加えながら，話し合いの場がリラックスするように努めます。

　さらに，話し合いから25～30分経ったら5分の休憩を入れることを，あらかじめメンバー全員に伝えておきます。休憩のときには，先生方を残して，親子とコーディネーターないしは子どもとカウンセラーが外へ出ます。その間，お互いに話し合い内容を確認したり一息入れたりします。緊張を取り除く意味合いと，情報を確認することが同時に行えます。

○断る自由が保障されていることを子どもへ伝える。

　専門知識のある教師やコーディネーターなどからの提案を断るのは，子どもや保護者にとって容易なことではありません。しかし，無理な提案を受け入れても結局は実行されず話し合いが徒労に終わってしまいます。コーディネーターは「できないことはできないと言っていい」ことを話し合いの前に伝えておき，話し合いの中でも子どもの表情を見ながら，断る自由が保障されていることを伝えていきます。

○無理のない案を提案または選択できるように配慮する。

　子どもへの提案があった際にはコーディネーターは子どもの表情をよく観察します。少しでも曇った場合には援助案のレベルを少し下げることもあります。例えば「2時間学校にいる」提案があった場合には，時間を減らして，「1時間」や「30分」という具合に再提案します。

○合意したら主体性を発揮し実行するよう促す。

　援助チームの話し合いで合意した案は，子どもも実行し，その結果の責任は子どもも負います。そのため本当に実行できそうかどうかを確認します。この時に不安そうな表情を

した場合には，何が不安なのかを聞き，配慮できる場合にはその不安を軽減するような提案をします。不安がぬぐえない場合には援助案の選択からやり直します。

〇実行した結果を報告するように伝える。

　援助案を実行した結果はチームに報告します。子どもにも，自分が実行してみた結果を次回の会議で報告することを伝えます。その際，「うまくいったことだけではなく，うまくいかなかったことも伝える」こと，「うまくいかなかったのは子どもだけの責任ではなく，メンバー全員の責任である」ことも伝え，子どもが過度に責任を感じないように配慮します。

② 子どもが途中で参加できなくなった場合の対応

　援助チームに参加している子どもが，感極まって，途中から意見が言えなくなるときもあります。そのときには，保護者ないしは援助者と一緒に途中退出を促します。別室で子どもが落ち着いたら，再度参加を促しますが，子どもが抵抗を示した場合には，保護者ないしは援助者が子どもの意見を代弁するアドボカシー方式に切り替えます。

　子どもを途中退出させた場合に気をつけることがあります。それは，話し合いがすべて終わった後に，チームのメンバーと子どもの顔を合わせることです。子どもが退出している間に決めたことも，子どもへ伝えて合意をとります。

③ 子どもが困ったときの連絡経路の確認

　子ども参加型援助チームの話し合いを終える前に，必ず加えておくべき援助案があります。それは，実際に援助案を実行していて子どもが困ったときに「だれに言うか」という連絡経路です。忘れがちですが，援助案を確実に実行するためには大変重要なことです。

　例えば，子どもが援助案を実行していて辛くなったときに，学級担任に直接言えるのか，それとも養護教諭やスクールカウンセラーへなら言えるのか，ないしは保護者を通してなら言えるのかなどを，あらかじめ確認しておきます。子どもは意外と学校関係者へ直接言えないことが多いため，事前に決めておきます。

　また，「どんなにささいなことでも，辛いことや困っていることがあったら，チームみんなで共有したいこと」，「学校でできることとできないことがあるが，できるかぎり配慮する」旨を話しておきます。

　連絡経路が事前に決まっていて，例えば「子どもが困っていたら保護者を通して伝える」ということになっていれば，保護者も教師へ伝えやすくなります。教師や学校に対して保護者も遠慮があるため，保護者が躊躇しているうちに，子どもがやる気をなくして手遅れになってしまうこともあります。事前に連絡経路が決まっていることは，保護者にとっても安心感につながります。

（4）子ども参加型援助チームにおける各メンバーの役割

　子ども参加型援助チームでは，子どもを含めた誰もがコンサルタント（助言する人）とコンサルティ（助言される人）の両方の立場になります。

　例えば子どもは，自分がしてほしい援助をコンサルタントとして周囲に伝えます。また，周りから提案された援助を，コンサルティとして実行します。そのためには，援助案を断る自由も子どもに保障しておくことが大切です。また，援助案は，子どもが60〜70％の力でできるものを提案していきます。子どもが100％の力を出し切らなければできない案では，次の日や次の課題へ取り組む力がなくなってしまう可能性があるからです。

　このように，子どもがコンサルタントにもコンサルティにもなるためには，コーディネーターが常に子どもの気持ちに配慮する必要があります。また，保護者や学級担任等がワンダウンして，チームの中で子どもと対等な関係（パートナーシップ）を築けるように，子どもが「上から目線である」と感じないようにします。

　47ページの表は，子ども参加型援助チームのメンバー間の関係をまとめたものです。各メンバーの具体的な役割は以下のとおりです。

① 子どもの役割

　子どもの権利条約第12条を基盤として，子どもは以下の5つの役割を担います。（12条：意見を表明する権利…児童が自由に自己の意見を表明する権利を確保する。児童の意見は，その児童の年齢及び成熟度に従って相応に考慮される。）

- 援助ニーズの確認のために自分のWANTS（したいこと・したくないこと）を本音で語り，援助案や計画の立案に主体的に意見を述べる役割を担います。
- 援助チームの提案を断る自由も保障されます。
- 無理のない案を提案または選択することができます。
- 合意した具体案については主体性を発揮し，実践することが求められます。
- 実践した結果を次回に報告する役割も担います。

② 保護者の役割

　保護者は親権（民法第818条）と監護・教育の権利と義務（民法第820条）に基づき，以下の4つの役割を担います。

- 現在の問題状況，子どもの生育歴や，子どもの援助に関係する家庭内の情報等を合わせて提供します。
- 課題解決のための援助案や計画の立案に参加し，保護者の分担を明確にします。
- 話し合われた具体案に基づき，家庭内での子どもを含めた家族への働きかけを行いま

す。
・その反応を次回に提供する役割を担います。

③ 教師の役割

教師は学校教育の専門性に基づいて，以下の4つの役割を担います。

・観察や資料さらに友達や前担任等から得た学校での子どもの様子等の情報を提供します。
・課題解決のための援助案や計画の立案に参加し，教師の分担を明確にします。
・話し合われた具体案に基づき，子どもや学級や他教師への働きかけを直接的・間接的に行います。
・その反応を次回に提供する役割を担います。

④ コーディネーターの役割

コーディネーターは，教育相談やスクールカウンセリングの専門性（学校心理学等）に基づき，以下の5つの役割を担います。

・受理面接や観察，他教師からの聞き取り，WANTSシート等で得られた情報を提供します。
・子ども・保護者・教師から得られた情報をまとめる際にリーダー役となります。
・アセスメントから仮説を立て，援助方針の方向性を提案します。同時に出された援助案を具体的にするよう心がけ，援助方針の修正も行います。
・話し合われた具体案に基づき，子どもや他教師への働きかけを直接的・間接的に行います。
・その反応を次回に提供する役割を担います。

援助チームのメンバーは，それぞれの役割に沿って自分の実践を行う責任がありますが，その結果の責任は，援助チームが共同で負います。子ども参加型援助チームの実践の結果の責任は，援助チームで共有するのです。

表 子ども参加型援助チームにおける子ども・保護者・教師・コーディネーターの役割分担

摘要	役割分担			役割分担の基盤
メンバー	アセスメント	援助方針	援助実践	
子ども	援助ニーズの同定のために自分のWANTS（したいこと・したくないこと）を本音で語る。	援助案や計画の立案に主体的に意見を述べることができる。断る自由も保障される。無理のない案を提案または選択する。	合意した具体案については主体性を発揮し実践する。実践した結果を次回に報告する。	子どもの権利条約第12条「意見を表明する権利」（注）に基づく。
保護者	現在の問題状況，子どもの生育歴や（子どもの援助に関係する）家庭内の情報等を合わせて提供する。	課題解決のための援助案や計画の立案に参加し保護者の分担を明確にする。	話し合われた具体案に基づき，家庭内での子どもを含めた家族への働きかけを行う。その反応を次回に提供する。	親権（民法第818条）と監護・教育の権利と義務（民法第820条）に基づく。
教師	観察や資料さらに友達や前担任等から得た学校での子どもの様子等の情報を提供する。	課題解決のための援助案や計画の立案に参加し教師の分担を明確にする。	話し合われた具体案に基づき，子どもや学級や他教師への働きかけを直接的・間接的に行う。その反応を次回に提供する。	学校教育の専門性に基づく。
コーディネーター	受理面接や観察，他教師からの聞き取り，WANTSシート等で得られた情報を提供する。保護者・教師から得られた情報をまとめる際にリーダー役となる。	アセスメントから仮説を立て援助方針の方向性を提案する。同時に出された援助案を具体的にするよう心がける。援助方針の修正も行う。	話し合われた具体案に基づき，子どもや他教師への働きかけを直接的・間接的に行う。その反応を次回に提供する。	教育相談・スクールカウンセリングの専門性（学校心理学等）に基づく。

注：子どもの権利条約第12条（意見を表明する権利）…児童が自由に自己の意見を表明する権利を確保する。児童の意見は，その児童の年齢及び成熟度に従って相応に考慮される。

4 援助がうまくいくための4つの要素

　以上をまとめると，子ども参加型援助チームにおいて，子どもへの援助がうまくいくためには，①子どもとの信頼関係，②WANTS（欲求）をくみ取ったていねいなアセスメント，③NEEDS（援助ニーズ）にぴったりと合った援助計画，④HOPE（希望）につながる先の見通しの説明，の4つの要素（図参照）が必要となります。

　この4つの順番は，ひっくり返ることはありません。①の子どもとの信頼関係が満たされていないのに，②③④を行ったとしても，それでは正確なアセスメントや援助計画，先の見通しとはならずに，よい援助を行うことができません。

　では，援助がうまくいくための4つの要素について，順を追って説明していきます。

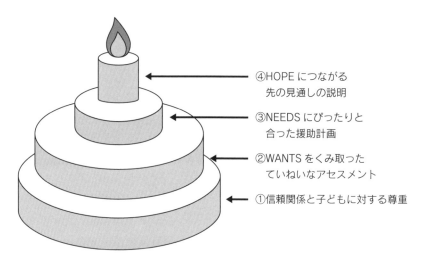

図　援助がうまくいくための4つの要素

（1）子どもとの信頼関係と子どもの存在を尊重する姿勢

　まず，援助を受ける側（子ども）と援助を提供する側（援助者）との信頼関係が重要です。信頼関係がなければ，説明や提案は受け入れられないからです。子どもとの信頼関係は，子どもが「自分の気持ちをわかってもらえた」と実感したときに生まれます。こちらがわかったつもりになっても，それだけでは信頼関係は生まれません。

　そのためには，まずは子どもの気持ちを聞くことです。子どもの気持ちを聞くことは，子どもを尊重することにつながります。世界300地域で，発達途上国の開発援助を4万件

行ってきた，開発援助の専門家エルネスト・シロッリは，TEDの講演の中で「人を助けたい？　なら黙って相手の話を聞け！（What to help someone?　Shut up and listen!）」と訴え，黙って相手の話を聞くことは「相手を尊重」することにつながると述べています。

子どもの援助においてもまったく同じです。子どもの話に耳を傾けて，子どもを尊重する姿勢をもつことが不可欠です。

（2）WANTSをくみ取ったていねいなアセスメント

黙って自分の話を聞いてもらえることがわかると，次の段階として，子どもは安心してWANTS（したいこと・したくないこと・してほしいこと・してほしくないこと）を話すことができます。WANTSにこそ援助が成功するかどうかの鍵が隠れています。WANTSは，子どもが援助を受けたり継続したりしようとする原動力です。

しかし，援助者にとってむずかしいのも，このWANTSの把握です。また，把握したWANTSを援助者が受け入れることも実はたいへんむずかしいことです。なぜなら，子どものWANTSはしばしば援助者にとって「わがまま」だと感じられ，援助者の意にそわないWANTSを無視してしまいがちだからです。

① WANTSの種類

子どものWANTSは，大きく「プラスのWANTS」「マイナスのWANTS」「矛盾したWANTS」の3つに分けられます。

> 【プラスのWANTS】「勉強がわかるようになりたい！」「泳げるようになりたい！」など，子どものやる気が感じられ，援助者や保護者にもスムーズに受け入れられやすい内容のWANTSです。
>
> 【マイナスのWANTS】「作文は書きたくない！」「算数はやりたくない！」「跳び箱はしたくない！」など，子どものやる気が感じられず，援助者や保護者にとっては受け入れがたい内容のWANTSです。
>
> 【矛盾したWANTS】「成績はあげたい！　だけど勉強はしたくない」など，矛盾した内容で，援助者や保護者にとって多くは受け入れがたい内容のWANTSです。

② WANTSの理由をさぐる

子どものWANTSには，それがどのようなものでも，必ず「理由」があります。そこを聞き取ることがポイントです。特に，マイナスのWANTSである「作文を書きたくない」などの理由をていねいに聞くと，「主人公の気持ちがわからない」「字がうまく書けない」「文

章をどうやって書いていいかわからない」など，しばしばたくさんの「理由」があげられます。その理由を聞いていくことで，子どもの得意なことや苦手なことが把握できます。

　マイナスのWANTSの中身には，子どものこれまでの苦戦の歴史が隠れています。ただし，マイナスのWANTSは，子どもとの信頼関係や子どもへの尊重があって初めて語られることに留意します。

　子どもから語られたWANTSを基に，他の援助者や専門家と話し合うことも重要です。自分だけで判断すると，見誤る場合があるからです。例えば，「読み書きが苦手だから勉強したくない」と子どもが訴える場合には，「勉強したくない」というWANTSの背景に，LD（学習障害）に関するNEEDSがあるかもしれません。しかし，保護者や援助者に専門的な知識がないと，「怠け」と決めつけて「とにかく勉強しなさい」等とごり押ししてしまうことがあるため注意を要します。

　WANTSの把握から，心理検査や知能検査の必要性が出てくることもあります。その場合は，検査結果等のさらなるアセスメントの情報が得られてから次の援助計画を立てる段階に進みます。

表　WANTSのとらえ方による援助者の対処の違い

子どものWANTS	WANTSのとらえ方	援助者の対処
勉強したくない	怠け　【誤った見方】	叱咤激励。強い指導。
勉強したくない	心理的要因，環境要因（たとえば家庭不和やいじめ）ないしは個人要因（たとえば発達障害）の仮説　【子どもの実態に即した見方】	心理的要因，環境要因（学級，学校，友達，家庭等）や個人要因のさらなるアセスメント

（3）NEEDSにぴったりと合った援助計画

　P48で述べた4つの要素の中で，もっともむずかしいのが，子どものNEEDSを判断することです。心のままの欲求であるWANTSは子どもにも意識しやすいのですが，自分の成長や問題解決のために何が必要かを，子どもが自分で把握するのはむずかしいからです。

　これは，田村（筆者）の研究結果でも裏付けられています。成人した発達障害の当事者に，子ども時代の学校生活の様子を語ってもらい，発言内容を分析したところ，当事者は，多くの場合，自分のWANTS（困っていること）に気づいてはいても，NEEDS（どんな援助が必要だったか）を意識することができるようになったのは，大人になってからであることがわかりました（田村，2015）。

したがってNEEDSの判断と，NEEDSに合った援助計画の作成には，援助者の力が欠かせません。
　ではNEEDSはどのように判断していったらよいのでしょうか。

① **NEEDSの種類**

　子どものNEEDSには，カウンセリングニーズとコンサルテーションニーズの2種類があります。

> 【カウンセリングニーズ】　内面の辛さ（不安や悩み，葛藤等）についてのニーズです。このようなニーズがある場合には，子どもにカウンセリングを行います。学校内のスクールカウンセラーや，教育相談担当教諭，養護教諭等が対応するのが一般的ですが，辛さの内容によっては，学校外のカウンセリングができる施設を紹介します。
>
> 【コンサルテーションニーズ】　問題解決のために何をどうしたらよいのかという，具体案を求めるニーズです。例えば「A高校に進学したい」(WANTS)ので，「自分に合った勉強方法の習得が必要だ」(NEEDS)という場合，援助者は学習支援を行うことを提案し，子どももそれに合意する場合は援助を開始します。

② **矛盾したWANTSとNEEDSをつなぐには**

　ところで，子どものWANTSが「A高校に進学したいが，勉強はしたくない」という場合，援助者がNEEDSを「勉強方法の習得」とむりやり確定しても，たいていの場合，子どもは実行しません。なぜなら，勉強したくないというマイナスのWANTSもあるからです。
　このように，子どものWANTSが矛盾する場合は多くあります。その際，次のようなステップでNEEDSとつないでいく過程が援助者に必要となります。

1．問題状況のアセスメント

①子どもの学校生活全般についての情報を収集します。（援助チームシート活用）
②子どもの苦戦についての情報を収集します。（WANTSシート活用）

2．自助資源・援助資源のアセスメント

①子どもの自助資源についての情報を収集します。（援助チームシート・WANTSシート活用）
②環境，援助資源についての情報を収集します。（援助資源チェックシート活用）

3．援助ニーズの共同決定

　上記の1と2のアセスメントをもとに，援助者がマイナスのWANTSについての仮説を立て，子どもに説明を行います。子どもが納得いくように，援助者と子どもが共同で援助ニーズを確定します。この過程は，援助者がリードをとり，子どもの思いをくみ取りなが

ら仮説を提案するため，援助者が説明責任を負います。

表　WANTSとNEEDSをつなぐSTEP

STEP	内　容
1．問題状況のアセスメント	①子どもの学校生活全般についての理解 ②子どもの苦戦についての理解
2．自助資源・援助資源のアセスメント	①子どもの自助資源の理解 ②環境，援助資源の理解
3．援助ニーズの共同決定	上記4つのアセスメントをもとに援助ニーズを確定。この過程は援助者が説明責任を負う。

（4）HOPEにつながる先の見通しの説明

　子どもへの援助で忘れてしまいがちなのが，「先の見通し」についての説明です。子ども参加型チーム援助で子どものWANTSやNEEDSが尊重されるのは，子どもが援助チームの主役であるということを意味しています。そして，主役である子どもには，「受け身」ではなく「自律」が求められます。つまり，子どもは**「自分の人生への責任をもつ」**のです。

　したがって，援助を受ける子どものモチベーションはとても重要です。先の希望が見えることは，援助案を継続していくモチベーションを高めることにつながります。

　援助者は，アセスメントに基づき，可能なかぎり具体的に，「先の見通し」を子どもに伝えます。たとえば，成績が思うように上がらない子どもへは「これから行う検査であなたのもっている力の強いところと弱いところがわかります。強いところを活用する勉強方法がわかるので，いまよりも成績が上がる可能性があります」と先の見通しを伝えます。援助がうまくいくと思われる場合には，具体的な努力目標とともに見通しを伝えます。うまくいかない見通しを伝えるときには，どうしたらうまくいくかの具体案や代替案を，必ず一緒に伝えます。

5 援助がうまくいかないときに

（1）チーム援助の体制が校内にない場合のヒント

　「子ども参加型チーム援助をやってみたいが，そもそも学校にチーム援助の体制がないため，実践ができない」という声も聞きます。しかし，あきらめる必要はありません。援助チームという発想は，そもそも援助チームの体制がほとんどない時代に生まれました。

　子ども参加型援助チームは，チームで援助しようと思った人が1人でも存在すればつくることができます。コーディネーターと学級担任，保護者と子どもの4人で話し合いを進めていくことが，ミニマムな援助チームの形となります。

　この場合のコーディネーターは，校務分掌上の特別支援教育コーディネーターである必要もありません。学級担任のほかに，誰か（例えば，学年主任，養護教諭，スクールカウンセラー）がコーディネーター役を務めることで，子ども参加型援助チームは成立します。できればコーディネーターは，保護者や子どもと信頼関係がある人が望ましいでしょう。

　コーディネーターは，子ども参加型援助チームの援助方針や援助案等を，生徒指導委員会や管理職等へ伝達することで，校内の共通理解を図ることができます。これがボトムアップ型の子ども参加型援助チームです。つまり事例ごとに柔軟に援助チームを組み，援助が終われば解散します。

　また，生徒指導委員会や学年での話し合いを，拡大援助チームとして活用することもできます。話し合いの中で，チーム援助が必要だと思われた子どもがいた場合に，コーディネーターとなる人を決めておきます。この場合の多くは，校務分掌上の特別支援教育コーディネーターや生徒指導担当，教育相談担当，養護教諭らがコーディネーターを務めます。

　コーディネーターを中心に，学年や生徒指導委員会がひとつのチームとなって，問題状況にある子どもの援助方針や援助案を話し合い，それぞれの援助案について誰が行うかを決めていきます。次回の話し合いの際に，うまく行ったこと，行かなかったこと等について話し合いを行い，援助案等を修正していきます。この過程を繰り返すことにより援助案がぴったり合ったものへ精査されていきます。

　また，学年や生徒指導委員会が必要だと判断し，コーディネーターを決め，そこに学級担任や保護者や子どもが入ったコア援助チームをつくる場合もあります。これがいわゆるトップダウン型の子ども参加型援助チームです。

（２）保護者を援助チームメンバーに入れることができない場合のヒント

　保護者は重要な援助者であり，保護者が援助チームへ入るに越したことはないのですが，どうしても入ることがむずかしい場合には，次のような工夫をします。

① 保護者の時間が取れない
　保護者の意見を電話や家庭訪問その他で聞き取り，援助チームの話し合いの際に間接的に伝えていきます。これを間接的な援助チームと呼びます。

② 保護者が落ち込んでいる
　保護者が落ち込んでいるときには，カウンセリングニーズがあるととらえます。カウンセリング等を勧め，心理的に落ち着くまでチームには誘いません。保護者が自分の子育てを責めていることも多いため，保護者にチームで話し合う気力が出てくるまでは保護者抜きで，保護者の思いや意見も含めながら援助は進めていき，時期を待ちます。

③ 保護者が「無理難題」（強い苦情）を言う
　この場合も，まだ援助チームを組む段階ではありません。なぜなら「対等性と協働」というパートナーの要件が満たされないからです。援助チームを組む前に十分に不満を聞き，学校のどのようなことに怒りを感じ，何に困っているのか，聞き取っていきます。もし，保護者が頼りにしている外部機関や指導者等がいる場合には，保護者の許可を得て，連携を取ることも打開策となります。

　また，一方的に学校を責め続けている場合には，背景に，保護者自身が置かれている状況が困難さを極めている場合があります。例えば，貧困，介護を必要とする家族や子どもがいる，家族関係の困難さ，生活上の不満などです。これらは学校の対応とは直接関係がないのですが，社会への不満のはけ口を学校に求めてしまっている場合があります。このようなことが考えられる場合には，福祉的な支援等について，外部の専門家から保護者へ働きかけてもらうことも考慮します。

　このときに重要なのは，「子どもへの対応の窓口となる人」と，「保護者が置かれている状況への対応についての窓口となる人」を，分けることです。窓口を分けて対応することで，保護者が「問題をすり替えたのでは」と疑心暗鬼にならないように配慮することができます。

④ 保護者が学校を避けている
　この場合も「対等性と協働」というパートナーの要件が満たされていません。保護者が学校を避けている場合には，「追う」とますます「こもってしまう」ことがあります。背景に保護者の精神的な不安定さがある場合もあります。父親や祖父母など家族の誰かと学

校側がつながれる場合には，話せる人と話し合いを重ねていきます。しかし，キーパーソンもおらず保護者が学校を避けている場合には，スクールカウンセラーやスクールソーシャルワーカー，外部の機関（教育相談センター，児童相談所，福祉関連，校医）等と連携します。子どもが登校しない場合には，学校は子どもの安全を確認したいがために，つい強引に保護者に働きかけてしまうことがあります。無理もないのですが，逆効果になることがあるため，学校だけで抱え込まずに外部機関との連携を重視します。

⑤ 保護者の許諾が必要な範囲

原則としては，放課後登校，別室登校，特定の授業は保健室で休むなど，通常の学校教育の枠以外の援助を行う場合には，事前に保護者の許諾を得ます。現時点では子どもにとって一番よい選択であることを保護者に伝え理解を得ます。

（3）チーム援助の成果が出ない場合のヒント

援助の効果があがらないときに，コーディネーターが真っ先に考える必要があることは，援助方針や援助案の見直しです。下記の3つを見直します。

① アセスメントの再考

子どもを観察し直したり，話を聞き直したりして，アセスメントで得た情報を必要に応じて修正します。

② WANTSとNEEDSの再確認

WANTSとNEEDSがずれていないか再確認します。子どものWANTSが把握できても，援助者のNEEDSのとらえ方に問題がある場合，援助案が子どもに実行されないということがあります。例えば次のような場合です。

> 教　師：「数学の勉強が遅れているから，学校へ来たくないんだね」
> 　　　　（怠けだな。とにかく学校へ来る習慣をつけさせなければ）
> 子ども：「はい」
> 　　　　（努力しているんだけどどうしても計算ができない。
> 　　　　学校へ行ってもムダ。
> 　　　　どうやったら計算ができるようになるのか知りたい）

この事例の場合，子どものWANTSは「学校へ行きたくない」ですが，子どもが学校へ行きたくない理由を，先生は怠けととらえ，強く登校を働きかけています。しかし，子どもは学習面での自尊心が低下しており，数学への支援が必要な状態です。

「とにかく学校へ来させる」という援助方針では，数日は通うかもしれませんが，子どものニーズは満たされないため子どもは学校へ行かなくなることが予想されます。せっかくつかんだ子どものWANTSを，援助ニーズの決定に生かせなかったことになります。もう一言質問し「数学の勉強について何に困っているのか具体的に教えてくれるかな」と子どものNEEDSを把握し直します。

③ 共同の意思決定の再考

援助方針や援助案について「共同の意思決定」をしたつもりが，ついつい力が入りすぎて「説得」に近いものになっていたり，「合意」を得たつもりが，相手が「不服」であることを口に出せずに，不承不承の合意になっていなかったかを確認します。特に保護者は，子どもが迷惑をかけているという気持ちもあり，ほんとうは援助方針に対し不服であっても，口に出せずに合意してしまいがちです。また，保護者と援助者の間には，援助に関する認識のズレ（親・援助者間ギャップ：次項（4））もあるので，それに注意することも必要です。

さらに，子どもに対して，援助方針や援助案が十分に説明されていないことも多々あります。子どもは一番弱い立場のため，援助方針や内容について子どもがよく理解しているか，子どものWANTSとNEEDSが反映されているか，「説得と不服」になっていないか，十分に時間をとって話し合います。

（4）保護者が子どもの変化に目を向けてくれない場合のヒント

「保護者が心理的に揺れている時期は，保護者自身の混乱を整理することに目が向くため，教師やスクールカウンセラーらが行う子どもへの援助活動の成果を，援助開始当初は保護者は認識しにくいこと」を「親・援助者間ギャップ」と言います（田村，2008）。

援助を行っていくうえで，保護者と援助者の間に，このような認識のズレがさまざまな場面で起こることがわかっています。そこで，援助チームのコーディネーターは，保護者をパートナーとする援助チームにおいて，次のことに気をつけることが重要です。

① 保護者のカウンセリングニーズを満たしつつ，子どもの変化を促進するために，コンサルテーションや相互コンサルテーションを継続すること
② 親・援助者間ギャップがあることを前提として，子どもへの援助の過程について保護者に伝えていくこと

つまり，保護者がまだ混乱している時期には，保護者と援助者の間に認識のズレがあることを前提として，子どもの情報や援助方針を伝えることが必要です。例えば，援助者が

説明した内容を保護者が別な意味に思い込んでしまう場合があります。下記のような会話です。

> 【親・援助者間ギャップがある会話】
> 教師：「少しずつ学級に慣れるといいですね（1学期間かけてゆっくりと）」
> 母親：「そうですね。よろしくお願いします（1～2週間あれば十分慣れるはず）」

この会話の場合，期間についての認識のズレが生じているために，保護者は不満をもちやすくなります。コーディネーターは，下記のように，「少しずつ」の言葉の中身までも，ていねいに伝える必要があります。

> 【親・援助者間ギャップを考慮した会話】
> 教師：「少しずつ学級に慣れるといいですね。1学期間かけてゆっくりと慣れるようにしていきたいと思います。なぜならサユリさんはいま，給食だけ学級で食べていますが，とても緊張していて，ごはんも半分くらい残している感じです。周りの子どもたちもサユリさんに話しかけたりしているのですが，自然な会話ではないので，学級に慣れるにはまだ時間がかかりそうです。サユリさんに負担がかからないように，あせらずゆっくりと学級に慣れるように配慮していきたいと思います」
> 母親：「そうなんですね。サユリの様子がよくわかりました。1～2週間あれば十分に慣れると思ったのですが，そのような状況ではむずかしいですね。ゆっくりと慣れていければと思います。どうぞよろしくお願いします」

また，保護者の不安が強く，カウンセリングニーズが高い場合には，スクールカウンセラーに保護者をつなぐことも考慮します。スクールカウンセラーや他機関へつなぐ場合には，「自分はこれからもA子さんの学習面や進路面などについて援助していきますが，お子さんへのかかわりについては専門家にぜひご相談ください」と説明し，保護者が「たらいまわしにされた」と思わないように配慮します。

（5）子どもの反応に手ごたえが感じられない場合のヒント

援助方針や援助案が十分に説明されないまま援助が開始されると，子どもは「援助がいきなり開始された」という感覚をもつことになります。そのために，子どもがとまどったり，変化が感じられない場合があります。

また，援助方針や援助案が子どもに理解されていても援助案の実行については，子どもが援助者の熱意に押されて「はい」と返事をしてしまっただけという場合もあります。子どもにとって大人に「No」を言うことは，かなりむずかしいことに留意します。

> 教　　師：「今日，保健室で１日元気に過ごせたから，明日からは教室においでね！」
> 　　　　　（こんなに元気なんだからもう大丈夫）
> 子ども：「……はい（小さい声で）……」
> 　　　　　（いまでも家に帰るとぐったりするくらい疲れているのに，教室なんて絶体無理。でも先生には言えない）

　さらに，子どもが援助の目的や意味をよくわかっていないこともしばしばあります。行動した結果がどうなるかわからないまま，「とにかく言うとおりにしてね」という援助者のメッセージのみを受け取ってしまうと，受け身のまま，援助がなされていきがちです。

　子どもはチームの中で一番弱い立場のため，ほんとうに理解しているかどうかをていねいに確認しつつ，「説明」には十分に時間をかける必要があります。

　さらに援助案の実行についての意思確認もていねいに行います。特に「不安なこと」については具体的に聞き取っていきます。そして不安なことについて，安心感がもてるために必要なことを子どもと一緒に考えていきます。

　たとえば，子どもがしばらくぶりに教室に入る場合には，以下のことをあらかじめ話し合っておきます。

①事前にクラスメイトに教室に入ることを伝えるかどうか
②席は廊下側の一番後ろがいいかどうか
③席の周りの子どもたちについての情報
④教室に入るタイミングをどうするか（始まる前か直後か）
⑤教室まで誰と一緒に行くか（友達？　先生？）
⑥授業中は一斉授業でグループワークのある授業は避けることでいいかどうか
⑦授業では指さないことの教員への周知
⑧教室を出るタイミング（終わる直前か，直後か）
⑨出る授業の頻度確認（例：１日１つ，１週間に１回など）
⑩気分が悪くなった場合に途中で退出するときの合図

第2章 子ども参加型チーム援助の進め方

CASE

第3章
子ども参加型チーム援助の事例

事例 1 　三次的援助サービス　**不登校になったヒナタへの援助**
　　　　　　　　　　　　　　　　ー「子ども参加型援助チーム」の事例ー

注：事例は，プライバシー保護のため複数事例を組み合わせ，さらに，援助の方法に焦点をあてて掲載しています。

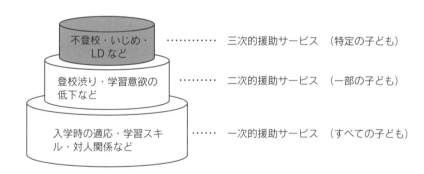

① **対象生徒**　　ヒナタ（中学校3年生・女子）
② **援助期間**　　小学校5年生〜中学校3年生

③ **ヒナタの問題状況**　　体調不良，不登校

　ヒナタは小学校1年生から腹痛を訴え欠席がちで，小学校4年生まで年間100日前後，学校を欠席していました。病院にも定期的に通っており，医師からは，体調不良を訴えた際には無理に登校させないようにとの指示を受けていました。小学校5年生になると，心身の不調が強くあらわれ，吐き気等でまったく登校できなくなりました。

④ ヒナタの援助プロセス

【小学校5年生時】

　学級担任から相談を受けたスクールカウンセラーは，ヒナタと母親からの希望もあり，面接を行うことにしました。面接では，生育歴や家庭，学校生活について語られました。

　ヒナタと母親との面接から，スクールカウンセラーは，①ヒナタは新しい環境になじむことが苦手であること，②自分の気持ちを表現することが苦手で，HELPやNOが言えないことなどから，「クラス替えで唯一本音が言えるサユリと離れたことで不安が増大し，学校へ通いづらくなったのではないか」との仮説を立てました。ヒナタは人見知りで新しい友達をつくる意欲に乏しく，ほかの友達と接点をもつことを怖がっていました。

　そこで，スクールカウンセラーは学級担任とも相談し，「放課後に登校し，20分程度学級担任と会う」ことをヒナタと母親へ提案しました。ヒナタは学級担任を慕っており，まずは学級担任との信頼関係づくりが鍵になると思ったからです。

　学級担任は，放課後30分程度，ヒナタの好きなアニメの話などをして，信頼関係を築くことを心がけました。勉強の遅れを気にしていたヒナタから勉強をしたいとの申し出があり，学級担任が用意したプリントについて，放課後に少しずつ勉強し始めました。しばらくして放課後の登校は定着しましたが，日中に登校することはできませんでした。

　5年生から6年生になるときに，保護者と学級担任とスクールカウンセラーの3人で，援助チームシートをもとに援助チーム会議を行いました。ヒナタの不安な気持ちを聞いていた母親は，「『サユリちゃんと同じクラスになりたい』と毎日ヒナタが泣いている」と話しました。学級担任もクラス替えについての希望を直接ヒナタから聞いていたため，「同じクラスにできるかどうかわからないが，お話は伺いました」と伝えました。さらに，この1年間のヒナタの成長について確認し，援助チーム会議を終えました。

【小学校6年生時】

　ヒナタはサユリと同じクラスになり，安心感を得て少しずつ教室へ登校できるようになりました。出られない授業は複数ありましたが，学級担任と学年主任が母親と連携を取りながら要所要所で配慮したことで，ほとんど休まず登校することができました。

　学校でヒナタが暗い表情をしていることに気づいたときには，学級担任が放課後母親へ電話してヒナタの様子を伝えました。あるとき，母親から，「友達関係について気をつけてみてほしい」という依頼が学級担任にありました。学級担任がそれとなく休み時間を観察していると，「何で出ない授業があるんだよ」とケンタがヒナタにからんでいました。ケンタに悪気はないようでしたが，担任は放課後にヒナタを呼んで，いま困っていることはないか聞いてみました。するとヒナタは泣き出して，これまでのケンタへの嫌な思いを

学級担任へ吐き出しました。吐き出し終えると，ヒナタは明るい表情になり，「自分からケンタに出られない理由を話してみる」と言いました。数日後，ヒナタの表情は明るくなっていました。

ヒナタは時折不安定になりながらも，学級担任や母親の支えもあり，欠席20日程度で小学校6年生の生活を過ごすことができました。

スクールカウンセラーは，ヒナタは新しい環境になじむことが苦手であることと，自分の気持ちを表現することが苦手で，HELPもNOも言えないことなどから，中学校への進学時にはかなりのストレスが生じると予測しました。そこで，小学校で行ってきた援助のノウハウを，中学校でも参考にして援助を行ってもらう必要性を保護者や学級担任に伝えると，「ぜひ」と了解されました。中学校側も，小学校からの申し送りで心配していた生徒の1人であったため，引き継ぎの時間をつくることに積極的でした。小学校の教頭が中学校の教頭へ連絡をとり，2月中旬に援助チーム会議がセッティングされました。

【小学校6年生から中学校1年生への引き継ぎ】※60分

援助チーム会議にはヒナタは同席を希望しなかったため，進学先の中学校の教頭，生徒指導担当教諭，母親，小学校の学級担任，小学校の学年主任，スクールカウンセラーの6人で行うことになりました。母親やスクールカウンセラーがヒナタの気持ちを代弁するアドボカシー方式（P33）で，子ども参加型チーム援助の作戦会議を始めました。

会議では，「子ども参加型援助チームシート」に沿って，学習面，心理・社会面，進路面，健康面についてヒナタの「いいところ」から順に確認していきました。

【ヒナタの4領域の情報】

（学習面）

○いいところ：数学が得意。

○気になるところ：作文が苦手。音楽が苦手。

（心理・社会面）

○いいところ：優しい，一人が好き。

○気になるところ：我慢しすぎる，NOとHELPが言えない。

（進路面）

○いいところ：アニメが好き。専門学校へ行くために高校進学希望。

○気になるところ：特記事項なし。

（健康面）

○いいところ：特記事項なし。

○気になるところ：ストレス（不安，疲れ等）が体調に出やすい。

【してみたこと】
（学習面）
・例文を写すところから始め，授業に出やすくなった。
（心理・社会面）
・少しずつだが，促せば自分の気持ちを言えるようになってきた。

【援助方針】
「気になるところ」に対して「してみた結果」と「いいところ」を生かして，この時点での「目標と援助方針」を次のように決めました。
・安心感がキーワード（不安が強いためにチャレンジしないことがあるが，怠けととらえないこと）
・友達関係への配慮（席替えなどの物理的距離も配慮する必要あり）
・母親との密な連絡（学校や家庭で変化が見られたときには，リアルタイムで情報を共有する。問題状況があった際には，これまでの小学校のときに行っていた対処方法を学級担任に伝える。）

【援助案】
おもな「援助案」は，次の2つを考えました。
① 新しいことにチャレンジする場面では，学級担任が事前にヒナタと母親へ伝え，あらかじめ対応策を準備しておくこと。
② 小さな出来事でも嫌なことは嫌と言えるようにヒナタも努力すること，学級担任も声かけをすること。

2週間後，ヒナタからの希望で，同じメンバーで2回目の会議が行われました。2回目は，ヒナタも参加して1回目の内容を確認しました。ヒナタも中学校の先生方もお互いの顔を知り，大きな安心感につながりました。

【中学校1年生時】
中学校1年生になったヒナタは，中学校でも仲よしのサユリと同じクラスとなり，生き生きと中学校へ通うようになりました。うまくいかない場面も多々ありましたが，そのたびに学級担任と母親が連絡し合って対処しました。また，ヒナタ自身も努力して，学級担

任や友達に嫌なことや辛いこと，不安なこと等を少しずつ言えるようになってきました。美術部に入り，不平を言いつつも目標をもって意欲的に活動するようになってきました。

　学校もほとんど休むことはなくなり，中学校では一見問題状況がない子どもに見えましたが，すぐに崩れてしまう脆さがあることを，学級担任も保護者もスクールカウンセラーも共通理解していました。新しい場面が苦手なヒナタにとっては，クラス替えのみならず，席替えさえも大きなストレスとなる可能性があり，さりげない配慮を継続していきました。

　ヒナタにとってサユリがなぜ重要なのかについても，スクールカウンセラーとの面談から徐々に明らかになってきました。ヒナタは耳で聞いて理解する力が弱く，授業がわからなくなることがしばしばあり，要点を押さえた明確な教え方でないと理解ができないことがあるようでした。サユリは，そのようなヒナタの特性を直感的に理解していたようで，授業などでは見事にヒナタのコーチ的な役割を担い，そのことがヒナタの安心感につながっていました。ヒナタは成績がよかったので，まさか「聞いて理解する力が弱い」という特性があったことには，母親も学級担任も気づいていませんでした。

　サユリは，ヒナタにとって，仲良しの友達というだけでなく，勉強するうえでも重要なキーパーソンであることがわかりました。ただし，サユリが一生ヒナタのそばについていることはできません。そこで，ヒナタ自身が考えるWANTSとNEEDSをもっと知るために，中学校1年生から2年生への引き継ぎの際に，ヒナタも参加してWANTSシートを作成することをスクールカウンセラーが援助チームメンバーに提案しました。

【中学校1年生から2年生への引き継ぎ】※60分

　2年生への引き継ぎ時の話し合いに参加を希望するかどうかを，スクールカウンセラーからヒナタと母親へ確認しました。クラス替えが不安だったヒナタは，引き継ぎに同席することを希望しました。

　2月上旬にヒナタ，母親，学級担任，生徒指導担当，教頭，スクールカウンセラーの6人で，「子ども**参加型援助チーム**」の作戦会議を行いました。以下のように，WANTSシートに沿って話し合いを進めました。

> **STEP 1：WANTSのアセスメント**
>
> 　まず最初に，いま，困っていることを聞きました。ヒナタは，クラス替えが心配であることと，友達と担任の先生がどうなるかが心配だと話しました。具体的なヒナタの欲求は，「いまと同じ雰囲気のクラスがいい」でした。
>
> 　そのために「どうしてほしいか」をヒナタにたずねると，「一緒のクラスになりたい人となりたくない人をわかってほしい」「いまの学級担任の先生のクラスになりた

い」との答えでした。

STEP2：カウンセリングニーズのアセスメント

次に，ヒナタのカウンセリングニーズについて確認しました。

極端に英語の授業が苦手で，どうしても出席できないので，それがストレスとなっているとのことでした。スクールカウンセラーの面接については，ヒナタも母親も希望したために，引き続き継続することになりました。そのほかのカウンセリングニーズは見受けられず，ヒナタが精神的にかなり落ち着いていることがわかりました。

STEP3：コンサルテーションニーズのアセスメントと
STEP4：援助ニーズの共同決定

最後に，援助ニーズについて，領域ごとに本人に話を聞いていきました。すると学習面，心理・社会面，進路面の3領域に援助ニーズがあることがわかりました。

学習面の援助ニーズ

ヒナタは，「授業を聞いていて，ときどきわからなくなることがある。それで友達に教えてもらっている」と言っていました。「サユリの教え方がとてもよくわかる」と言うので，どのような教え方かを尋ねたところ，「ノートに書きながら最初に全体の説明をして，それから部分的にゆっくり，はっきりと説明してくれる」とのことでした。このことは，ヒナタが聴覚の情報を受け取ることが苦手なため，ゆっくりはっきりと話してもらい視覚の情報をプラスしてもらうことで，格段に授業が理解しやすくなることを示していました。

そこでスクールカウンセラーは，「ゆっくり，はっきり話し，さらに話すときには文は短めに板書を交えて話す。最初に全体像を示してから細かなところを説明する。先の見通し（ゴール）を話す」ことがヒナタの学習面のニーズであること，しかもこのような工夫は，ヒナタだけではなく，ほかの生徒にとってもわかりやすい授業となることを学級担任へその場で伝えて確認しました。この学習面のニーズは，ヒナタとの共同決定となりました。

心理・社会面のニーズ

ヒナタは「仲のいい友達であるサユリと同じクラスになりたい。それが自分にとって必要」と話すものの，その理由を明確に言うことはできませんでした。

母親や学級担任，スクールカウンセラーからは，ヒナタはHELPやNOが言えないために，辛いことを我慢する傾向が強いことが，話されました。

「『助けてほしい』や『いや』と言える相手がサユリさんなのかな」と学級担任が尋ねると，ヒナタは「そうです」と同意し，サユリがヒナタの代弁者でもあったことが

確認されました。

　教頭先生は，「サユリさんと一緒になりたい」というヒナタの気持ちがとてもわかったこと，それを考慮したいが，必ず一緒のクラスになれるとは限らないことを，その場でヒナタへ伝えました。また，スクールカウンセラーは，「友達づくりのためにも，ヒナタも自分の気持ちを周りに言う努力を引き続きすること」を提案しました。

　ヒナタは，「サユリと一緒になりたいけど，なれないかもしれないことはわかっている。自分ももっと人に気持ちを言うようにしないと，高校へ行ってから友達ができないから，少しずつだけやってみる」と話し，心理・社会面のニーズについても共同決定がなされました。

進路面のニーズ

　ヒナタは，「A高校へ行きたい。だから，成績がもっとよくなるために勉強をする必要がある」と話しました。A高校に入るには，現在の成績を維持ないしは向上させる必要があり，ヒナタは授業がわからなくなることを極端に怖がっていました。

　そこで，学級担任は「先ほど話し合った学習面のニーズにそって，各教科で教え方を工夫する」ことを提案しました。また，母親は「家でもテスト勉強をする時間を少しずつ増やしてはどうか」と提案しました。ヒナタは，「家での勉強は自分のペースでやりたい」と母親の意見は却下したものの，「教え方を各教科で工夫する」ことについては，とても喜びました。こうして，進路について「教え方を各教科で工夫する」「自分のペースで自宅学習をする」というニーズがヒナタと共同決定されました。

STEP5：子ども参加型援助チームの立ち上げ

　STEP1〜4の情報をもとに，子ども参加型援助チームを継続することにしました。

【中学校2・3年生時】

　引き継ぎの話し合いに参加したメンバーは，ヒナタの援助ニーズのすべてにおいて，サユリの存在が大きいことを実感していました。しかし，責任感の強いサユリの精神的な負担も考慮する必要がありました。学年会でサユリについても情報交換を行ったところ，サユリは心理的に安定しており，ヒナタやほかの生徒から頼られていることがむしろサユリの張り合いにもなっていることがわかりました。そこで，常にサユリの様子に注意を払うことを共通理解しつつ，ヒナタの人的環境が大きく変わらないように，サユリとヒナタを2年生，3年生でも同じクラスにしました。また学級担任もヒナタを受け持つことを希望したこともあり，ヒナタの希望どおり，学級担任も同じ教員が受け持ちました。

　2年生になってからのヒナタは見違えるほど変化し，新しいことにもチャレンジするよ

うになり，周りからも一目置かれる存在になっていきました。心身の不安定さは影をひそめ，少しずつ自信をもてるようになってきました。さらに，サユリ以外にミサキとも仲良くなり，友達関係も少しずつ広がってきました。

その間も，保護者と学級担任は，これまでどおり些細なことでも連絡を取り合い，ヒナタへの援助を続けました。スクールカウンセラーのヒナタへの面談も継続していきました。ヒナタが無事に高校へ進学したところで援助チームを終了しました。

⑤ 当事者からのフィードバックと振り返り

ヒナタと母親との学校やスクールカウンセラーとの連携は，月に1回程度定期的に行われました。子ども参加型援助チームでの会議は年に1～2回でした。

子ども参加型援助チームに参加したヒナタの感想は，「直接話して目標を決めることができて，目標に向けてどう行動すればいいかがわかって嬉しかった。自分の気持ちをわかってもらえた。クラス替えがもし希望どおりにならなかったとしても，わかってもらえただけですっきりした」というものでした。

母親の感想は，「先生方がとても協力的なことが嬉しかった。以前は，担任の先生へ話したことがちゃんと伝わっているか，もやもやしていた。子どもの状況をほかの先生方は理解してくれるのか，情報は学年で共有してもらえているのかなど，たくさん不安があった。子ども参加型チーム援助では，担任の先生のほかにも複数の先生方や子どももその場にいるので，本人を囲んで話してもらえてとても安心した。子どもがいると，気持ちが伝わりやすいと思う。たとえ子どもが一言も話さなかったとしても，みんなの輪の中にいることだけでもぜんぜん違う。もし希望が通らなくても，親や本人の気持ちは伝えてあるし，先生方からもすべて配慮ができるとは限らないことを聞いているので，納得できる」というものでした。

このことは，当事者が自分の気持ちを自分の言葉で話す主体性を尊重することの大切さを実感させるものでした。

CASE

解説　ヒナタの事例

子ども参加型援助チームシートとWANTSシートで
援助が円滑に行われた事例

　ヒナタのケースでは，①子どもの意見を代弁するアドボカシーの有用性，②子どものWANTSの尊重，③子ども自身の努力と責任，④管理職を含めた協力的な教師の姿勢，⑤援助の継続（小学校から中学校卒業時まで）の5つが鍵となっています。

① アドボカシーの有用性

　問題状況が発生した際に，子どもが，自分の悩みや不安，気持ちなどを学級担任等へ言えないということがしばしばあります。これは，子どもだけではなく保護者も同様です。

　子どもが直接学級担任に伝えられないという場合には，「何をどのように言っていいかわからない」などのスキル不足や，緊張からくる抵抗などが理由としてあげられます。保護者の場合には，「教師に迷惑をかけている」という気持ちから言えない場合がほとんどです。

　このような場合には，当事者の気持ちを代弁するアドボカシー方式が有用となります。ヒナタの場合には，母親やスクールカウンセラーが代弁者となりました。ヒナタの気持ちが代弁されることで，ヒナタが何に困っているのかがわかり，援助の中身が精査されました。

　代弁は簡単なことのように思えますが，伝える経路が明確になっていないと，本人の意思がきちんとチームに伝わらないことがよくあります。例えば，せっかく子どもが母親へ

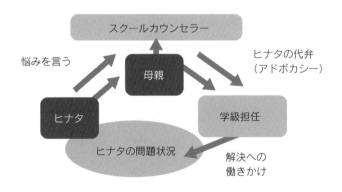

伝えたとしても，母親が躊躇してしまい，学級担任へ伝えない可能性があるからです。

今回のヒナタのように，事前に「ヒナタ→母親→学級担任」という伝える経路を明確にしておくと，母親も学級担任へ遠慮なく伝えることができます。ちょっとしたことですが，このような些細な取り決めが援助を円滑にします。

② 子どものWANTSの尊重

本ケースでは，当事者であるヒナタの語るWANTSから，NEEDSを引き出すことがいちばん大切なポイントであり，むずかしいことのひとつでした。

なぜなら，ヒナタはサユリと同じクラスになることに固執していました。ヒナタのWANTSは，ずっと「サユリと同じクラスになりたい」でした。しかし，「なぜサユリがいないと不安なのか」というNEEDSについては，ヒナタ自身も説明ができませんでした。そのため周りの大人は，「仲がいいから一緒にいて楽しいからだ」と思い込んでいました。

仲のいい友達と離れたくないのはどの子どもも一緒です。ともするとヒナタはわがままであり，その要望を通そうとする保護者もまたわがままだと認識されてしまったかもしれません。しかし，援助チームにヒナタも参加して一緒に話しあうことで，サユリが単なる仲のいい友達ではなく，「勉強面においても友達との対人場面においてもヒナタのコーチ的役割」を果たしていたことがわかりました。

子どものWANTSを大切にしたことで，ヒナタがサユリに固執する意味がわかったのです。このケースは，子どものWANTSを尊重することの重要性を示唆しています。

③ 子ども自身の努力と責任

子ども参加型援助チームでは，子どもにも「自分で自分を援助する」ことが求められます。「自分が努力する内容を明確」にし，うまくいったら遠慮したりせずに，心の底から喜びます。うまくいかなかったときには，次にどのようにしたらうまくいくかを子ども自身も考えて，子ども参加型援助チームで検討します。援助案は，小さなステップに変更するなど軌道修正はいつでも可能です。このケースでも，「友達をつくるために，自分の気持ちを周りに言う」などの努力と責任がヒナタにも求められました。

ともすると「子どもは弱い存在で援助を受ける側」だけに位置づけられます。しかし，子どもが主体的であることは，子どもが自分の人生を自己決定していくうえで欠かせないことなのです。ただし，努力と責任をいきなり求めても実行がむずかしいこともありますから，援助者側には「ゆっくり，あせらず」の姿勢も求められます。

④ 管理職を含めた協力的な教師の姿勢

　本事例で，小学校でも中学校でも，管理職を含めた誰ひとりとして，ヒナタのWANTS「サユリと一緒のクラスになりたい」を「わがまま」ととらえなかったことは特筆に値します。

　このケースのように，本人が「こうしてほしい！」と強く望む場合には，「わがまま」ととらえずに，なにか理由があると考え，まずは周りの大人がていねいに聞き取る必要があります。強いWANTSの陰には，NEEDSがリンクしていることが推測されるからです。そして，聞き取った後には，専門知識も駆使して仮説を立てます。学習面や心理・社会面，進路面にまでおよびながら，「なぜそうしてほしいのだろう？」と，さながら執拗に真実を追い求める探偵のような姿勢が求められます。もしこのケースで，ヒナタのWANTSを「わがまま」ととらえ，サユリと引き離していたら，ヒナタが順調に中学校へ登校できていたかどうかは疑問です。

　ここでは，管理職を含めた先生方の協力体制が大きな影響力をもちました。複数の教師が子ども参加型援助チームに参加し，ヒナタの生の声での要望やスクールカウンセラーの仮説（サユリはコーチ的役割）を聞いたことで，「ヒナタのWANTS」を「NEEDS」ととらえ直すことができたように思います。

　子どもの心身の成長は速いですが，成長や発達の速度は子ども一人一人違います。ヒナタもサユリというコーチがいてくれたおかげで，ゆっくりゆっくり自分に自信をもてるようになっていきました。教師の協力体制は，日ごろの同僚としての人間関係や，小学校・中学校間などの関係が良好であってこそつくられます。子どもへの良質な援助のために，日ごろの教師同士や学校同士の関係が重要であることが，この事例からわかります。

⑤ 援助の継続（小学校から中学校卒業時まで）

　忙しい学校現場では意図せずとも援助が途切れることがよくあります。特にうまくいきだしたときには，「あとは様子を見ましょう」の声のもとに援助が途切れがちです。しかし，ヒナタの事例では小学校から中学校まで4年間継続して援助が行われました。

　継続のポイントは2つあります。1つは，小学校から中学校へ正確な引き継ぎが行われたことです。ヒナタの事例では，中学校へ進学する際に小学校教師と中学校教師を含む子ども参加型援助チーム会議（1回目はアドボカシー方式）を行ったことが，たいへん大きな意味をもちました。これにより，小学校での援助のノウハウがすべて引き継がれました。小学校は学級担任が1日中子どもの様子を把握していますが，中学校になると教科担当制となり，子どもの周りの人的環境が大きく変わります。このことは援助を受ける子どもにとっては大変な脅威となります。具体的には「どのような先生なのか顔も人柄もわからな

い」「どのようにかかわってくれるのかわからない」などの不安です。しかし，引き継ぎ時に中学校の先生方と顔合わせをすることで，顔も人柄もわかり大きな安心感が生まれます。さらに小学校の先生方から援助内容が引き継がれるのを目の当たりにできることも大きな安心感につながります。小学校から中学校への引き継ぎは，思春期を迎え中学校への適応がむずかしくなる時期の子どもを支える大きな力となります。

　２つめは，中学校で大きな問題状況が起きなくても，必ず子ども参加型援助チームの話し合いを年１～２回もったことです。うまくいっているとつい援助がなされなくなりますが，ヒナタのように援助ニーズが大きな子どもの場合には，年１回話し合いをもち，情報共有をしたり，援助方針や援助内容の微修正をしていくことが重要となります。

　「継続は力なり」は援助の世界でも大切なキーワードだと言えます。

○事例1　子ども参加型援助チームシート　ヒナタ小学校6年生，中学校への引き継ぎ時

石隈・田村式　子ども参加型援助チームシート

実施日：××年2月10日（ ）　時　分～　時　分　第　回
次回予定：　年　月　日（ ）　時　分～　時　分　第　回
出席者名：母親，小学校担任，小学校学年主任，中学校教頭，
　　　　　中学校生徒指導担当，スクールカウンセラー

苦戦していること（　小学校から中学校への引き継ぎ　　　　　　　　　　　　　　）

年　組　番 生徒名　ヒナタ 担任名　スズキ		学習面 (学習状況)(学習スタイル) (学力)など	心理・社会面 (情緒面)(ストレス対処スタ イル)(人間関係)など	進路面 (得意なことや趣味)(将来の 夢や計画)(進路希望)など	健康面 (健康状況) (身体面での訴え) など
(A) 自助資源 (いいところ・ 得意なところ)		・数学が得意	・優しい ・一人が好き	・専門学校へ行くために高校 　進学希望 ・パティシエへのあこがれ ・アニメが好き	
(B) 援助ニーズ (援助が必要なところ) *WANTSシート からも転記		・作文が苦手 ・音楽が苦手	・我慢しすぎる ・NOとHELPが言えない		・ストレス（不安，疲れ等） 　があると体に出やすい（頭 　痛・腰痛，気持ちが悪い， 　不眠等）
(C) してみたことと その結果		・作文の授業では例文をいく 　つか提示 ・例文を写すところから始 　め，授業に参加しやすく 　なった	・否定的な気持ちの言語化 ・前より少しずつ自分の気持 　ちを言えるようになった ・気持ちを言いたいけど言え 　ない		
(D) 援助方針 (この時点での目標)		・短期目標・長期目標・配慮が必要なことなど（可能な限り子どもの主体性を生かす） ・安心感を本児がもてるような関わり（SOSを出さ（せ）ない，NOが言え（わ）ない→一見怠けに見えることがあるが， 　心理的な負担からきていることの理解が必要） ・母親との密な連絡 ・ほめる，認める→シャワーのように ・友人関係への配慮（席替え，グループ等の物理的距離も重要）			
(E) 何を行うか (F) 誰が行うか	子ども	自分のペースで自宅学習する	嫌なことは言うように努力す る		
	保護者		ヒナタのグチを聞く	パティシエになるための専門 学校の情報を中学校の先生か ら得る	グチを聞く
	教師等	全体の流れをつかめるように 具体的に視覚情報をプラスし て説明する	困難が予想される場面や行事 では，前もって母親・本児と 対応策を考える →選択肢を提示して本児が自 　己決定するように促す		気持ちを話すことの継続（カ ウンセリング）
(G) いつから いつまでに 行うか	子ども				
	保護者	引きつぎ （小学校から中学校へ）──────────────────────────→			
	教師等				

□WANTSシートの記入後に使用することが望ましい。

©Ishikuma & Tamura 2017

○事例1　援助資源チェックシート　ヒナタ小学校6年生，中学校への引き継ぎ時

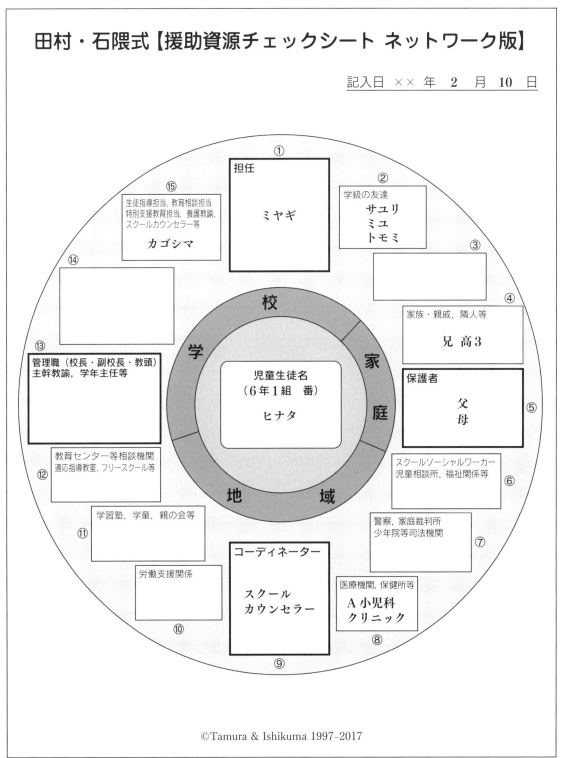

CASE

○事例1　WANTSシート　ヒナタ中学校1年生から2年生への進級時

WANTS シート 【Wants And Needs Thinking Sheet】
援助ニーズについて子どもと共同決定を行うシート

生徒名【1年　組　番：　　　ヒナタ　　　】：学級担任名【　　スズキ　　】：聞き取り日時【××年2月8日（　）：　～　：　】
合意を得るための話し合い参加者【ヒナタ，母親，担任スズキ先生，生指タナカ先生，スクールカウンセラー】：記入者名【スクールカウンセラー】

STEP1　子どものWANTSのアセスメント（子どものしたいこと・したくないこと，してほしいこと・してほしくないこと）

子どもの話を聞く前に…
- ☑子どもと援助者が本音を語れるような信頼関係がある
- ☑受容的な雰囲気の中，「したいこと」「したくないこと」を丁寧に聞き取ることを心がける
- ☑感情を十分にくみ取るように心がける

A.【今，困っていることは何ですか。具体的に教えてください。】
- ・クラス替えが心配（友人関係）
- ・学級担任がどの先生になるか心配

B.【A.についてどうしたいですか，してほしいですか。またはしたくないですか，してほしくないですか。理由も教えてください。】
- ・なりたい人，なりたくない人を配慮してほしい
- ・今の学級担任の先生（スズキ先生）を希望

STEP2　子どものカウンセリングニーズのアセスメント（子どもが悩んでいること）

- □最近眠れない日が多いか
- □体調が悪いことが多いか（顔色や表情にも着目）
- ☑学校生活で苦戦していることがあるか（対人関係・学習・運動等含む）
- □落ち込むことや不安になる日が続いているか
- □消えてしまいたいと思う時があるか
  *ひとつでも☑があったらカウンセリングを開始する（スクールカウンセラー，養護教諭，教育相談担当等）
  **深刻度によっては医療や他機関へつなげる
  子どもが今，悩んでいること（英語が苦手でどうしても出られないことがストレスになっている　　　　　　　　　　　　　　）

STEP3　子どものコンサルテーションニーズのアセスメント（子どもの成長・発達にとって必要なことや望ましいこと）

- □STEP1の子どものWANTSを考慮する（WANTSとNEEDSが一致する場合もあり）
- □子どもの感情に注意を払い，子どもの主体性を尊重する
- □援助ニーズを子どもが意識していない，ないしは言語化できない場合は援助者が仮説を立て子どもと共同決定する

☑学習面の援助ニーズ　　　□心理（知能）検査等の必要性あり→結果が出てからSTEP2を再開
- ・英語が苦手
- ・作文が苦手
  全体の流れをつかめるように具体的に視覚情報をプラスして説明する

☑心理・社会面の援助ニーズ　　□心理検査等の必要性あり→結果が出てからSTEP2を再開
- ・注意深い観察が必要
- ・困難さが予想される場面や行事では，前もって母親・本児と対応策を考える→選択肢を提示して本児が自己決定するように促す
- ・本人も自分の気持ちをまわりに言う努力を行うこと

☑進路面の援助ニーズ
- ・進学のための成績維持・向上→学習面の援助ニーズ
  →学校での教え方を各教科で工夫する
  →自分のペースで自宅学習をする

□健康面の援助ニーズ

STEP4　援助ニーズの共同決定

- □子どもがSTEP3の結果に納得しない→STEP1からやり直す。ないしは聞き取る人を替えてみる
- □子どもがSTEP3について共同決定した。
  - ☑個別での援助を開始・継続する
  - ☑子ども参加型援助チームを立ち上げる

STEP5　子ども参加型援助チームの立ち上げ　メンバー（子ども・保護者・学級担任・コーディネーター等）

- ☑話し合いの前にSTEP3で確定された援助ニーズを子ども参加型援助チームシートの援助ニーズ欄へ転記
- ☑子どもの座席位置の配慮　（例：安心できる人を正面）
- ☑話し合いでは子どもの感情に注意を払い子どもの主体性を尊重
- ☑決定した援助案を参加者（子どもも含む）が実行。次回うまくいったこといかなかったことを確認し修正
- ☑上記の過程を定期的に繰り返す　（話し合いの間隔，毎週・隔週・月1回・学期1回等問題状況の深刻さに応じて決定）

©Setsuko TAMURA 2017

第3章 子ども参加型チーム援助の事例

一・二次的援助サービス　**勉強のやる気が出ないタケルへの援助**
―WANTSシートの活用事例―

注：事例を掲載することについては当事者の了承を得ていますが、プライバシー保護のため内容に若干の変更を加え、援助の方法に焦点をあてています。

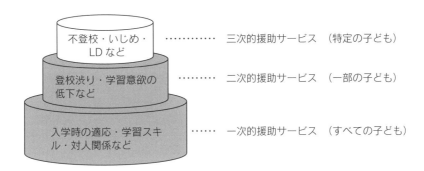

① **対象生徒**　タケル（中学校2年生・男子）
② **援助期間**　中学校2年生の2月～中学校3年生の1月

③ タケルの問題発生の経緯

　タケルは中学校1年生の2学期から塾に通い始め、個別指導を受けるようになりました。学習塾に通うまでは、勉強をほとんどしてこなかった様子で、塾では小学校の内容を復習しながら、中学校の内容を学習している状況でした。

　成績が上がってきたのは、中学校2年生の1学期の期末テストでした。平均点を少し上回る点数をとることができましたが、ここで問題が発生しました。中学生になって、初めて平均を上回る点数が取れたにもかかわらず、親から言われたことは、「やっと平均点か」の一言だけだったのです。タケルは気にしていないと言っていましたが、塾や学校での授業になかなか集中できていないような状況が続きました。

　その後は、テストも以前のような成績に戻ってしまい、忘れ物も多く、ときには学校の授業で使うテキストやノートを忘れることがありました。塾にも数分遅刻することが多くなり、4週にわたって宿題を忘れるというようなことが起こっていました。

　このような様子を見て、塾で数学を担当していたササキ先生は、タケルの様子がとても気になっていました。

CASE

【ササキ先生が困っていたこと】
・タケルの学習意欲を上げられない。
・忘れ物や遅刻が多く,注意を促しても改善されない。
・本人と相談したうえで,できそうな量・範囲を決めても,宿題をやってこられない。
・成績が上がらない。

【タケルの4領域の情報】
(学習面)
○いいところ:勉強ができるようになりたいという気持ちがある,自分の学習状況に対して危機感がある。
○気になるところ:学習習慣がない,わからない問題に対しすぐに諦める,一度理解した内容をすぐに忘れる,一度成績が上がるもその後成績が低迷。
(心理・社会面)
○いいところ:真面目,挨拶がきちんとできる,友達が多い。
○気になるところ:親とぶつかることが多い,遅刻や忘れ物が多い,自分の気持ちをあまり表に出さない。
(進路面)
○いいところ:サッカーの強い私立高校へ進学希望
○気になるところ:親から県立高校進学を期待されている。
(健康面)
○いいところ:健康
○気になるところ:特になし

④ タケルの援助プロセス
【面談の提案】
　塾の生徒たちに「石隈・田村式アンケートシート〔児童生徒版〕」(P112)を実施したとき,「今,だれかに相談したいことはありますか?」の項目に,タケルは,「はい」と回答しました。しかし,タケルの悩みの原因やきっかけまではわからなかったので,推察で対応せざるをえず,なかなかタケルの様子や学習態度に変化は見られませんでした。
　そこで本人から直接の情報を得るために,「WANTSシート」を活用した面談をすることにしました。WANTSシートに記入しながら話をすると記録が残るので,振り返りや他

の先生と情報を共有しやすいこと，また，指導する先生が変わっても，記録をもとに共通した対応ができることなどから，上司の了解も得ることができました。

タケルと信頼関係が築けているササキ先生が面談を実施することになりました。

【初回面接の様子】（40分）

ササキ先生は，タケルが本音を語りやすくするため，二人きりになれる部屋を用意し，「この場では先生・生徒の関係ではなく，上下関係のない対等の立場で，日ごろ思っていることや感じていることを話してほしい」「何を話しても批判したりすることはないので安心してほしい」ことを伝えました。それを聞いて，タケルは安心した様子でした。WANTSシートに沿って，以下のように面談を進めていきました。

> ### STEP 1：WANTSのアセスメント
>
> 初めにタケルの困っていることを聞きました。
>
> 「いま，困っていることは何かある？　勉強のことでも家族，友達，学校のことでも，なんでもいいのだけど」と伝えると，最初に「勉強ができなさすぎて，どこから手をつけたらいいのかわからない。勉強の仕方がわからない」と，学習面について困っていることが語られました。
>
> そこでササキ先生が「勉強で困っていることに対してどうしてほしい？　もしくはしてほしくないことはある？」と聞くと，「勉強の仕方を教えてほしい」「宿題を曜日ごとに細かく出さなくても大丈夫」などと語られました。
>
> 「ほかには何か困っていることはない？」と聞くと，「母親がうるさい」と大変不満そうな顔で答えたので，このことをていねいに聞く必要があると感じました。
>
> 母親がどのようにうるさいのかを聞いていくと，「兄が私立高校に通っているから，お前は県立高校に行きなさいと言われて，プレッシャーや不安がある」ことや，「自分で計画して勉強しているのに，休憩中に『勉強しろ』と言われてやる気をなくす」こと，「特に兄と一緒になって言われると，計画立てているのに意味ないじゃんって思ってイライラする」ということなどが語られました。
>
> タケルに「頑張ろうとしているのに，いろいろ言われるとイライラするよね」と言うと，母親に対する不満やエピソードが，さらに堰を切ったように語られました。話が止まらないタケルに圧倒され驚きました。
>
> タケルが多少落ち着いたところで，「母親がうるさいことに対して，どうしてほしい？」と聞くと，「うるさく言われたくない。自分の変化に気づいてほしい。わかってほしい」と語気を強めて言いました。

CASE

STEP2：カウンセリングニーズのアセスメント

次に，WANTSシートの項目を使って，カウンセリングニーズについての確認をしていきました。すると，「最近眠れない日が多いか」と「落ち込むことや不安になる日が続いているか」の項目にチェックがつきました。

受験のことが不安で布団に入っても1時間は眠れない日が多く，受験のプレッシャーで，年明けから憂うつや不安を感じることが多くなっているというのです。また，日常生活でも眠らなければならないときに眠れず，寝てはいけないときに眠くなってしまい，自分でもどうしていいかわからないといったことが語られました。

スポーツ万能で健康そうに見える子どもだったので，このような項目にチェックがついたのには正直驚きました。タケルは，これらのことを誰にも話していなかった様子でした。

STEP3：コンサルテーションニーズのアセスメント

最後に，タケルの援助ニーズについて聞いていきました。STEP1で「自分の変化に母親が気づいてほしい，わかってほしい」という訴えが強くあったので，心理・社会面の援助ニーズに焦点を当てて聞くことにしました。

ここでもタケルは，「自分で計画を立てて勉強しているのに，『早くやれやれ』と言われると，やる気をなくす」と言いました。「タケルも中学2年生だから，自立的にやろうとしているんだね」と言うと，「うちの親にも，先生のようにわかってほしい」とため息をつきました。

そこで，「タケルにとって必要なのは，親から自立しようとしていることに対して，理解してほしいということかな」と言うと，「そうです」と答え，心理・社会面の援助ニーズが「自立しようとしていることへの理解」であることが共同決定されました。

また，受験のプレッシャーや不安については，「成績が上がれば消えると思う」とタケルが言ったことから，この悩みは学習面の援助ニーズと繋がっていることがわかりました。学習面の援助ニーズは，時間の都合により，次回改めて聞き取ることにしました。

【初回面接のタケルの感想】

面接の最後に，「不安や不満が100％あるとしたら，いま話してくれたことで，どれくらい解消した？」と聞くと，「80％減って20％ぐらいになりました」と，タケルは非常にスッキリした様子でした。また，「こういうふうに，話を聞いてほしかった」「こういう不満を話せる人が，いままでいなかった」「わかってほしかった」といったことが語られました。

【ササキ先生の振り返り】

　普段は塾で教師と生徒の関係なので，タケルに本音を語ってもらうには上下関係をなくし，何を言っても責められないという安心感をもたせることがポイントであると思いました。そこで，面接を始める前に，「上下関係はないから安心して話してほしい」と伝えたことが，タケルの本音を引き出すきっかけになったと思います。

　面接の前は，「何で宿題をやってこないのか」「何で学習意欲が上がらないのか」といったことが不透明で，私はなんとなく「部活が忙しいから，疲れて自宅学習ができないのだろう」と推測していました。本人に話を聞いてみて，タケルが抱えている受験や勉強に対する不安，母親に対する葛藤など，初めて気づかされることが多かったです。経験則から生徒の状況を根拠なく推測していましたが，本人に直接聞く重要さを痛感しました。

　タケルは普段やる気のない生徒に見えていたので，本人が自立的に学習をしようとしていることには，初めて気づかされました。タケルの自立心の芽生えや苦手な勉強を乗り越えようとする姿勢など，面接によって，良いところを改めて発見することができました。

【2回目の面接の様子】（30分）

　初回面接から1週間後，前回は十分に聞けなかった学習面のWANTSとNEEDSを調べるために，2回目の面接を行いました。1回目と同様に，安心して話せる空間を設けるために，二人きりになれる部屋を用意しました。

　最初に「お母さんとの関係はどう？」とタケルに聞くと，「相変わらずうるさいですけど，先週先生に話せたので満足しました。いまは『しょうがない』と思えるようになって，母親のことも気にならなくなりました」といったことが語られました。前回，母親に対する不満を受け止めたことで，イライラがほとんど解消された様子でした。

STEP1：WANTSのアセスメント

　最初に，1回目の面接で十分に聞き取れなかった学習面についてのWANTSを聞いていきました。タケルからは，「学校では授業のペースをできる子に合わせているから，早くてついていけない。自分に合わせてほしい」といったWANTSが語られました。

　ほかには何かないかと聞くと，「数学が全般的に不安」「昔やった内容が不安」といった困りごとが語られ，「以前に習った学習内容やテーマを理解しているか確認したいので，塾の授業でも扱い，宿題も出してほしい」といったことがWANTSとして語られました。

STEP2：カウンセリングニーズのアセスメント

　次に，前回と同様にカウンセリングニーズについても確認しました。先週の面接を

終えてからは，よく眠れない日は多少あるものの，憂うつや不安になるときはないということでした。タケルの話を受容的に聞いたことで，「憂うつや不安になる日が続いているか」のチェック項目が，1週間で消えたことには驚きました。

STEP3：コンサルテーションニーズのアセスメント

STEP1で語られたタケルのWANTSをもとに，ササキ先生が学習面の援助ニーズを提案しました。

タケルが「授業のペースを自分に合わせてほしい」と言ったことや，「過去の学習内容を扱ってほしい」と言ったことから，「学校の授業進度や定期テストの範囲にとらわれず，タケルの習得・理解のペースに合わせて個別学習を進めること」や，「数学の授業では，前半は中学3年生の内容，後半は中学1，2年生の内容を学習すること」などをササキ先生が提案し，タケルが同意しました。

【その後のタケルの様子】

翌週からは，タケルと合意した学習面の援助ニーズをもとに，学習指導を行いました。タケルは前よりも授業に集中するようになり，宿題もやってくるようになりました。

友人と自習室に来るといった積極的な行動も見られるようになり，学校のテストでは平均点を超える成績を取るようになりました。低迷していたときには20点ぐらいしか取れていなかったタケルが，「次は70点をめざす」と言うようになり，自信をつけ，学習意欲も高まっていきました。

また，学年が変わる直前のことでしたが，「生徒会副会長に立候補するので，3つの方針を一緒に考えてほしい」と言い出しました。唐突なことに正直驚きましたが，タケルから学習面以外での援助要請が出たのは初めてだったので，快く一緒に考えることにしました。次の週には学校で立候補者の面接がありましたが，タケルも無事に5人の立候補者のなかに入ることができました。

5人のうち1人だけが選ばれる最後の演説は，タケルと一緒に演説のポイントだけを考え，内容のほとんどはタケルに任せました。次の週，タケルは満面の笑みで，「生徒会副会長になることができました」と報告してきました。私は思わず「ほんとうに？」と言ってしまい，「先生は，僕がなれないと思っていたんですか？」とタケルに言われてしまいました。その後もタケルは，自信に満ちて学校生活を送っています。

⑤ 援助を受けてのタケルの変化

【1回目の面接直後】
・授業に集中するようになった。

【1週間後】
・宿題をていねいにやるようになり，学習意欲が高まった。
・友人を誘い自習室へ行くようになった。
・忘れ物が減り，遅刻がなくなった。

【2～3週間後】
・目標を自分で決められるようになった（次の数学のテストで70点以上をめざすなど）。
・学習面以外の援助要請が出るようになった（生徒会副会長への立候補など）。
・物事をはっきり言うようになった。

【1か月後】
・テストの成績が上がった。
・学校での出来事や不満など気軽に話すようになった。

【10か月後】
・高校受験で志望校に合格。

⑥ 援助をして得たこと

・タケルは，自分が計画的に自立して学習しようとしているにもかかわらず，周囲からその理解が得られないことに不満が募り，学習意欲が上がらない状態に陥っていたことに気づけた。
・本人に直接聞いてみて初めて気づくことが多かった。聞かなければ，眠れず，毎日のように不安を感じているほど深刻な状況であったことには，気づかないままであっただろう。予防的な意味でも，深刻な問題が起こる前に気づくことができたのは，タケルを援助するうえで大きかった。
・援助する側が，相手に必要な援助を推察して，わかっているつもりになっていたことに気づかされた。また，本人に聞いて，初めてわかる援助ニーズや精神状態があることにも気づかされた。
・周囲が思っているよりも，本人が自立しようとしていることに気づけたことが，タケルを理解するうえでは非常に大きなことだった。
・話を受容的に聞くだけで，タケルの不満や不安の一部が解消されたことには驚いた。
・援助を通してタケルへの見方が変わった。生徒会副会長へ立候補するほどタケルが学校

や地域のことを考えていることや，学校で勉強がわからなくて困っている友人に教えてあげていることなど，自分のことだけでなく周囲のことを考えられる子であることがわかり，良い面が見えてくるようになった。

解説　タケルの事例

WANTSシートの利用で，子どもが大きく変化した事例

本事例は，子どものWANTSをていねいに聞き取るなかで，子どもに大きな変化が生じ，子ども参加型援助チームを立ち上げる前に援助が終了した事例です。タケルの大きな変化は，タケル自身の自助資源の豊かさと，自助資源や援助ニーズを引き出した援助者（ササキ先生）の真摯な姿勢がマッチングして得られたものだと考えられます。

① WANTSの把握による効果

タケルは当初，問題状況から自尊心が低い状況でした。自尊心が低い状態なので，やる気も起きないという悪循環にありました。

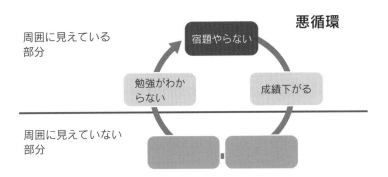

悪循環でいちばん問題なのは，周囲の大人には図の上の部分しか見えないということです。「勉強がわからない」「宿題やらない」「成績下がる」といったところしか見えないため，「宿題をやらないのは，勉強より部活優先で疲れているからだろう」と推測し，成績を上げるためには勉強を優先させよう，宿題をやらせようと叱咤激励します。

しかし，それでもタケルは宿題をやってくることはなく，成績も上がらず，援助者にも徒労感がつきまといました。ともすると，「忘れ物や遅刻が多い」「注意を促しても改善されない」「宿題をやってこない」などの情報から，LD（学習障害）を疑ってしまうケースですが，本人のWANTSを聞くことで，「親に勉強しろとしつこく言われる」ことがとて

も嫌であることが本人から語られ，そのために勉強のやる気をなくしているという悪循環が，周囲にもみえてきました。

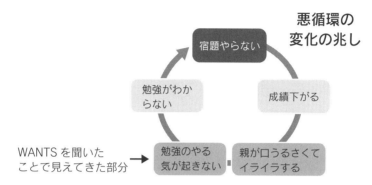

「自分のペースで勉強をしたい！」「親に言われたくない！」というのは，自立の時期を迎えたタケルにとって当然の欲求でしょう。いわゆる「親に言われて勉強するのは嫌だ」という気持ちは，思春期（反抗期）特有のタケルの反抗の仕方であったともとらえることができます。

このように，本事例では援助者に見えなかった部分をタケル自身が語ることができ，さらにタケルが語ったことを援助者が真摯に受け止めたことで，タケルのやる気につながるよい循環が生まれ，大きな転機になったと思われます。

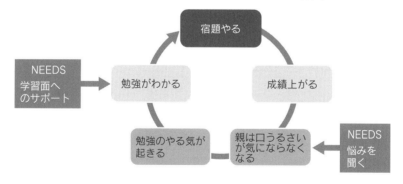

本事例では塾講師のササキ先生がWANTSの聞き取りを行いましたが，このような生徒へのアプローチの仕方は，学級担任や教科担任による生徒への気づきから学校で援助を行う際にも参考になります。

CASE

② 母親との関係

　この事例では，親の行動は変わっていないものの，タケルは塾のササキ先生にWANTS（悩み）を聞いてもらったことで，「親の口うるささが嫌だ」という思いに囚われなくなり，自分の意思で勉強しようと思うようになりました。つまり，悶々としていた内面を吐き出したことにより，短期間でタケルは精神的に成長したとも言えます。このような変化を見い出せたのは，タケル自身の自助資源の高さと，ササキ先生の生徒を思う姿勢が背景にあったからでしょう。

　また，実際には行われませんでしたが，ササキ先生は母親との面談の準備を次のように進めていました。母親のことも子どものことも悪者にすることなく，アセスメントをもとに，援助者と母親が一緒に考えて，子どもに「何をどうしたらいいか」を明確にすることができるアプローチとして参考になります。

【ササキ先生の考えた母親面接のプラン】

1．アンケートシートの記入と保護者・教師それぞれから見たタケルの良いところの共有

　はじめに母親に「石隈・田村式アンケートシート」の保護者版（P113参照）を記入してもらい，母親から見たタケルの良いところと，教師から見たタケルの良いところを共有する。これは，タケルの自助資源の再発見や，母親との信頼関係を築くために必要だと思われました。

2．タケルのどこが気になるのかを聞き出す

　次に，母親はタケルのどのようなことが気になっているのかについて聞く。タケルから聞いた話をもとに考えると，「家で勉強しない」や「成績が伸びない」など，学習面についての話が出てくるのではないかと予想されました。

3．気になることへの対応とその結果を聞き出す

　「タケルの気になることに対して，どのようなことをされてきましたか」「やってみた結果はどうでしたか」と，母親のしてきた対応とその結果について聞く。その際，保護者の対応を肯定的にとらえ，ねぎらう姿勢をもつことに注意する。

　タケルの話から，これまでやってきたことは「勉強しなさい」と言うこと，その結果は「やっても効果がない」などと話されることが予想されました。

4．新しい対応と援助期間の提案

　予想したような展開で母親との話が進んだ場合は，「実はタケル君がこのようなことを言っていたので，2週間は何も言わずに様子を見るのはどうでしょうか」などと提案する。後日，その結果，変化があったかなかったかなどを共有し，変化があればその対応を継続し，なければ新しい対応を一緒に考える。

タケルは，自分が抱いている母親への不満や要望を「先生から母親に言っていい」ということでした。母親が行う新しいかかわり方（例えば勉強について口出ししない，など）については，期限を 2 週間等と区切ることで，思春期のむずかしい年頃への対応に疲れているであろう母親に対して，援助協力への意欲も保つことができると思われました。

CASE

○事例2　WANTSシート　タケル中学校2年生時，1回目

WANTS シート　【Wants And Needs Thinking Sheet】
援助ニーズについて子どもと共同決定を行うシート

生徒名【2年　組　番：　タケル　】：学級担任名【　　　　　　　】：聞き取り日時【××年2月10日（△）19：30～20：10】
合意を得るための話し合い参加者【　　　数学担当講師，本人　　　】記入者名【　　　ササキ　　　】

STEP 1　子どものWANTSのアセスメント（子どものしたいこと・したくないこと，してほしいこと・してほしくないこと）

子どもの話を聞く前に…
- ☑ 子どもと援助者が本音を語れるような信頼関係がある
- ☑ 受容的な雰囲気の中，「したいこと」「したくないこと」を丁寧に聞き取ることを心がける
- ☑ 感情を十分にくみ取るように心がける

A.【今，困っていることは何ですか。具体的に教えてください。】
- ・どこから手をつけていいのか勉強の仕方がわからない→計画を立てて勉強しているのに休憩中に勉強しろと言われやる気をなくす
- ・母親がうるさい→県立に行けと言われる

B.【A. についてどうしたいですか。してほしいですか。またはしたくないですか，してほしくないですか。理由も教えてください。】
- ・勉強の仕方を教えてほしい
- ・宿題を曜日ごとに細かく出す必要はない
- ・母親からうるさく言われたくない
- ・自立しようとしていることに気づいてほしい分かってほしい

STEP 2　子どものカウンセリングニーズのアセスメント（子どもが悩んでいること）

- ☑ 最近眠れない日が多いか
- ☐ 体調が悪いことが多いか（顔色や表情にも着目）
- ☐ 学校生活で苦戦していることがあるか（対人関係・学習・運動等含む）
- ☑ 落ち込むことや不安になる日が続いているか
- ☐ 消えてしまいたいと思う時があるか
  - ＊ひとつでも☑があったらカウンセリングを開始する（スクールカウンセラー，養護教諭，教育相談担当等）
  - ＊＊深刻度によっては医療や他機関へつなげる
- 子どもが今，悩んでいること（　　　　　　　　　　　　　　　　　　　　　　　　　　　　　　　　　　　　）

STEP 3　子どものコンサルテーションニーズのアセスメント（子どもの成長・発達にとって必要なことや望ましいこと）

- ☐ STEP1の子どものWANTSを考慮する（WANTSとNEEDSが一致する場合もあり）
- ☐ 子どもの感情に注意を払い，子どもの主体性を尊重する
- ☐ 援助ニーズを子どもが意識していない，ないしは言語化できない場合は援助者が仮説を立て子どもと共同決定する

☐ 学習面の援助ニーズ　　　☐ 心理（知能）検査等の必要性あり→結果が出てからSTEP2を再開
- ・1人で学習できるようになる
- ・成績の向上から不安，プレッシャーの解消（次回，要相談）

☐ 心理・社会面の援助ニーズ
- ・自立しようとしていることへの理解

☐ 進路面の援助ニーズ

☐ 健康面の援助ニーズ

STEP 4　援助ニーズの共同決定

- ☐ 子どもがSTEP3の結果に納得しない→STEP1からやり直す。ないしは聞き取る人を替えてみる
- ☐ 子どもとSTEP3について共同決定した。
- ☑ 個別での援助を開始・継続する
- ☐ 子ども参加型援助チームを立ち上げる

STEP 5　子ども参加型援助チームの立ち上げ　　メンバー（子ども・保護者・学級担任・コーディネーター等）

- ☐ 話し合いの前にSTEP3で確定された援助ニーズを子ども参加型援助チームシートの援助ニーズ欄へ転記
- ☐ 子どもの座席位置の配慮（例）安心できる人を正面
- ☐ 話し合いでは子どもの感情に注意を払い子どもの主体性を尊重
- ☐ 決定した援助案を参加者（子どもも含む）が実行。次回うまくいったこといかなかったことを確認し修正
- ☐ 上記の過程を定期的に繰り返す（話し合いの間隔，毎週・隔週・月1回・学期1回等問題状況の深刻さに応じて決定）

©Setsuko TAMURA 2017

○事例2　WANTSシート　タケル中学校2年生時，2回目（1週間後）

WANTS シート　【Wants And Needs Thinking Sheet】
援助ニーズについて子どもと共同決定を行うシート

生徒名【2年　組　番：　タケル　】：学級担任名【　　　　　】：聞き取り日時【××年2月17日（△）19：45～20：15】
合意を得るための話し合い参加者【　　数学担当講師，本人　　】：記入者名【　　　ササキ　　　】

STEP 1　子どものWANTSのアセスメント（子どものしたいこと・したくないこと，してほしいこと・してほしくないこと）

子どもの話を聞く前に…
☑子どもと援助者が本音を語れるような信頼関係がある
☑受容的な雰囲気の中，「したいこと」「したくないこと」を丁寧に聞き取ることを心がける
☑感情を十分にくみ取るように心がける

A.【今，困っていることは何ですか。具体的に教えてください。】
・授業が早くてついていけない（学校の授業はできる子に合わせている）
・数学全般的に不安　特に過去の内容が不安

B.【A. についてどうしたいですか，してほしいですか。またはしたくないですか，してほしくないですか。理由も教えてください。】
・授業のペースを自分に合わせてほしい
・過去のテーマを個別授業で扱い宿題も出してほしい
・過去のテーマを理解しているか確認したい

STEP 2　子どものカウンセリングニーズのアセスメント（子どもが悩んでいること）

☑最近眠れない日が多いか
☐体調が悪いことが多いか（顔色や表情にも着目）
☐学校生活で苦戦していることがあるか（対人関係・学習・運動等含む）
☐落ち込むことや不安になる日が続いているか
☐消えてしまいたいと思う時があるか
　＊ひとつでも☑があったらカウンセリングを開始する（スクールカウンセラー，養護教諭，教育相談担当等）
　＊＊深刻度によっては医療や他機関へつなげる
子どもが今，悩んでいること（　　　　　　　　　　　　　　　　　　　　　　　　　　　　　　　　　）

STEP 3　子どものコンサルテーションニーズのアセスメント（子どもの成長・発達にとって必要なことや望ましいこと）

☐STEP 1の子どものWANTSを考慮する（WANTSとNEEDSが一致する場合もあり）
☐子どもの感情に注意を払い，子どもの主体性を尊重する
☐援助ニーズを子どもが意識していない，ないしは言語化できない場合は援助者が仮説を立て子どもと共同決定する
☐学習面の援助ニーズ　　　☐心理（知能）検査等の必要性あり→結果が出てからSTEP 2を再開
・学校のペースや定期テストの範囲に捉われず，タケルのペースに合わせて個別学習を進める
・前半は中学3年の内容，後半は中学1，2年の内容を数学の個別授業で学習する

☐心理・社会面の援助ニーズ

☐進路面の援助ニーズ

☐健康面の援助ニーズ

STEP 4　援助ニーズの共同決定

☐子どもがSTEP 3の結果に納得しない→STEP 1からやり直す。ないしは聞き取る人を替えてみる
☐子どもとSTEP 3について共同決定した。
☑個別での援助を開始・継続する
☐子ども参加型援助チームを立ち上げる

STEP 5　子ども参加型援助チームの立ち上げ　メンバー（子ども・保護者・学級担任・コーディネーター等）

☐話し合いの前にSTEP 3で確定された援助ニーズを子ども参加型援助チームシートの援助ニーズ欄へ転記
☐子どもの座席位置の配慮（例）安心できる人を正面）
☐話し合いでは子どもの感情に注意を払い子どもの主体性を尊重
☐決定した援助案を参加者（子どもも含む）が実行。次回うまくいったことといかなかったことを確認し修正
☐上記の過程を定期的に繰り返す（話し合いの間隔，毎週・隔週・月1回・学期1回等問題状況の深刻さに応じて決定）

©Setsuko TAMURA 2017

ROLE PLAY

第4章 ロールプレイを用いた研修

1 ロールプレイを用いた研修の目的

子ども参加型チーム援助の研修は、ロールプレイ形式で行います。

研修のおもな目的は、以下の3点です。

> ① 当事者である子どもや保護者を含めた話し合いを体験し、「情報のまとめ」→「援助方針の決定」→「援助案の作成」の流れを理解すること。
> ② 話し合う過程での、それぞれの援助者（例：子ども、保護者、学級担任、教育相談担当）の立場や気持ちを体験すること。
> ③ 話し合いの司会者あるいは参加者の役割を練習すること。

研修をロールプレイ形式で行う理由は、いつもの自分とは異なる立場で話し合いに参加することで、「子どもの気持ち」「保護者の気持ち」「学級担任の気持ち」「コーディネーターの気持ち」などを追体験することができるからです。参加者のちょっとした一言や態度により、メンバーが傷ついたり話しやすくなったりすることを体験できます。特に、子どもと援助案について話し合うときには、配慮が必要です。

ここでは、ロールプレイを用いた研修に参加した先生方の感想を紹介します。これらの感想は、子ども参加型援助チームの各メンバーを理解するうえで、とても役立ちます。

なお、ロールプレイではWANTSシート開発前だったため、WANTSやNEEDSへの説明が講師からなされていなかったことを追記させていただきます。

●「中学2年生男子：不登校の架空事例」というテーマで行った研修会の感想例 ●

子ども役になってみての感想

【話し合い直前】
- 「よく来てくれたね！」という言葉が心に響きました。
- 「無理しなくていい」「辛いときはどの先生にでも話していいし，話せなかったら，服をひっぱって教えてくれていい」と言ってもらえて，少し気持ちが楽になった。
- 喋りだすまでの間に，全員がこっちを見ていると怖い（重い？ 辛い？）。
- 大人の人が多いと緊張するので，質問が簡単で答えやすいと助かりました。
- 自分の趣味の内容を知っている先生がいると安心できるのだと思いました。
- お母さんがいるから，言って怒られないか不安だった。

【話し合い中】
- 体育祭での活躍などを真剣にほめてくれて，だんだんうれしい気持ちになった。「辛くなったら保健室に来たらいい」と具体的な話になったときに，自分の素直な気持ちや心配なことを，言葉で話すことができました。
- 自分が発言した言葉を繰り返して言ってくれたことで，先生はちゃんと聞いてくれているとわかったし，伝わってて安心した。
- やさしく肯定的なことを言ってくれると安心する。
- 以前に話し合った内容を，まとめて最初に話してくれたので，入り込みやすかった。
- 具体的に動いてくれることが決まると，話してよかったと感じました。
- 自分の気持ちを聞いてくれて嬉しかった。

【援助案についての話し合い】
- とりあえずは「うん」と言っていたが，「やりたくない」「できない」という気持ちでした。
- 何を話し合って何が決まっているのかわからず，自分の知らないところで決まっていて，そちらへ引っぱられているのが気になりました。
- 「これならできる？ あれならできる？」とたくさんのことを言われ，「じゃあ，そうする？ できる？」と答えを求められると，どう答えていいかわからなくなった。
- 「どう思う？」ではなく「〜をしようと思っているが，やってもいい？」というように行動を示してくれたら「いいか」「悪いか」は答えられる。選択肢があるほうがいいと思った。
- こんなに真剣に考えてくれて，という思いと，この期待に応えられなかったらどうしようという不安とで，ごちゃごちゃになった。
- だんだん元気になってきたのは，将来に明るいもの（進学）も見えてきたから。先生方のあたたかさがうれしかった。

保護者役になってみての感想

【保護者の本音】
- 先生の表情や対応に真剣さがあるかないか，それも感じ取ることができます。
- 人数が少なく，知っている先生だとよいが，緊張する。(自分を入れて4人くらいがよい。)
- 母親の不安感や心配感，誰かに助けてもらいたいという気持ちが理解できた。

【子どもについて】
- 子どもの気持ちを初めて知った。
- 子どもが，母親にとても気遣っていることがわかった。
- 子どもが何を言うか，何を受け入れて何を拒否するのかを，ハラハラしながら聞いてしまう。
- 教員と話しているときの子どもの表情が良ければ，母親はホッとすると思います。
- 子どもがいると話をしにくい。
- 子どもが迷惑をかけてすまないという気持ちをもった。
- 子どもの心配，将来への不安などがよくわかった。
- 子どもにかなり気を遣った。
- 何か子どもの言葉から前向きな態度を拾おうとした。

【学校や教師の対応について】
- 教員が子どもに向けて話しているときに，普段こういうかかわり方をしてくれているのだと感じました。
- 学校側がヒロシのことをよく考え，たくさんの案を出してくれるので，ありがたいと思った。
- ヒロシのことを"特別扱い"（いい意味で）してくれてうれしかった。
- きっと母親は不安な気持ちを抱いて来校しているだろうが，先生方が子どものいいところをたくさん言ってくれて，少し肩の力が抜けたような気がした。
- 子どもに対し直接先生方が声をかけてくれて嬉しかった。
- 参加者（学校側）が，何とか学校へ登校できるように，ヒロシの気持ちを尊重している雰囲気があり，ありがたいと思った。
- 先生方がいろいろな立場で子どもを気にかけてくれていることがわかり，うれしかった。
- 担任だけでなく，学校の先生方がチームでやってくれることが安心できた。
- 保護者が入って初めての会で，子どもについて＋（プラス）面の変化や，気づいたことを言ってもらい，自分が気づかない子どものよい面を見てもらっているという安心感があった。
- 先生方が，一生懸命考えてくださっていることがわかった。それに甘えて，ついつい，学校の方に頼ってしまいそうになりそうな感じがした（学校がやってくれるなら，お願いしよう，自分は忙しいんだ……と）。

学級担任役になってみての感想

【チームで話し合う前の準備】

- 「教師だけ」「教師と保護者」「教師と保護者と本人」の３つのパターンをやってみて，本人に関する情報をしっかり把握しておかないと参加者が納得する話し合いにはならないと思った。日ごろからよく情報を集めておかなくてはならないと思った。
- 生徒との関係ができていることが大切。保護者は，担任への子どもの反応を見て，信頼したり，考えを変えると思うので，信頼関係と事前のチームの打ち合わせが必要。

【子どもへの配慮】

- 本人の希望を聞き，同意を得た支援ができるのがいいなと思いました。
- 子どもが考えているときに沈黙が続き，どこまで待てばいいのだろう……と悩んだ。関係ができていれば悩まないかもしれないが……。待つことによるプラス面（自発的な思いが聞ける），待つことによるマイナス面（プレッシャーをかける）を考えた。
- 子どもの様子，顔色が大変気になった（非言語）。母親との関係など，母親の態度，子どもへの声がけの仕方も大変気になった。
- 子どもに気を遣い，言葉を選びながらしゃべった。
- 何とか学校へ来てもらおう！　という気持ちが出てきた。
- 子どもの本音を聞きたかったが，ムリをしないように我慢したし，今日はこれでよしと思った。

【保護者への配慮】

- 保護者の前で子どもの気持ちをどこまで聞き取ったら良いのか，言葉がけに気を遣った。
- お母さんが，学校側のやろうとしていることを受け入れてくれているので，子どもに提案をしやすい（話を聞くことも含めて）。
- もし母親が対立的な立場になっていたら，子ども，母親を交えての話し合いは，できない雰囲気だろうと思う（母親に気を遣って，子どもに目を向けることができなくなる）。

【担任としての悩み】

- 担任として，子どもへの配慮をどのように行えばよいのか。
- コーディネーターの学年主任に頼っていました。
- 担任としてＳＯＳの兆候に気づけなかったのではという思いがあったので，保護者から「学校で何かあったのでは」と問いかけられて，ドキッとするところがあった。
- 不登校傾向という事例に対して，すぐに効果が表れる方法がある訳ではない。保護者の方や本人にも有効な手立てをあげて取り組めていないという責任をとても感じた。
- 親子で一緒に来ると，保護者の表情やヒロシ君の表情，言葉がすごく気になりました。

養護教諭役になってみての感想

【チームで話し合う前の準備】
- 最初の職員間での協力体制とルール作りも必要になってくると思えた。
- 子どもを含めてチームのメンバーが増えるなかで，配慮すべきことが増えていく。そのため，事前の支援会の方針，具体性をもった確認がされていないと，プラスの方向へ進めていけないことを痛感した。

【子どもへの配慮】
- すべてをまず受け入れることが大切。
- ヒロシ君の自己肯定感を高める声かけを意識してするようにした。大人でも子どもでもほめられるとうれしいので，何かしら良いところを見つける工夫をしなくてはならない。
- 初めて来たヒロシ君の立場になったら，もっとゆったりとした支援会でもいいのかなと思った。ここに来るだけでも意味のあることだから。
- 子どもが自分の気持ちを話してくれたので，「あぁ，○君はこういう気持ちだったんだ」と思い，そこから○君のためにどうやればいいのかと，もう一度考えた。
- 「日ごろ，子どもとどれくらいかかわっていたか」で，声かけの質が変わることに気づいた。日ごろからの信頼関係が大切だと感じた。

【保護者への配慮】
- 保護者への対応では，本人が学校で努力したり，頑張っていることを保護者にプラスに伝えていく大切さも感じました。

【養護教諭として実感したこと】
- 子どものことを知っていないと，安易に保健室登校させることもむずかしいと感じた。
- 親子がいるので，言葉に気を遣う。
- 「その場をなんとか意味のある有意義な場に」というより，少し離れて全体を俯瞰して見ることができる立場であると思いました。
- 子どもに気を遣う。子ども対大人になってはいなかったか。質問に子どもがなかなか答えられない場合，じっと待つのか選択肢を与えて答えやすくしたほうがよいのか。複数いるなかで，気持ちを聞き出すのがむずかしい。

【学級担任等との共通理解】
- 担任と意志確認（方向性）をし，共通理解ができていないと，とてもやりにくいことがわかりました。担任に合わせていくことも，養護教諭の重要な仕事だったのですね。びっくりしました（いままでやりたい放題でしたので）。
- 具体的な支援を提案する背後には，学校全体の協力体制が必要だと思いました。

コーディネーター役（学年主任）になってみての感想

【子どもへの配慮】
- あまり自分を出さないヒロシ君への対応がむずかしかった。大人4人での会議に，ヒロシ君がせっかく参加してくれたのに，リラックスさせられなくて，申し訳なかった。
- 待つことのしんどさを知った。
- 複数の大人の意見を聞くエネルギーがあるから，会議に出てきていると思うが，どんなふうに受けとめているのだろう，と常に考えてしまう。

【学級担任への配慮】
- 立場上，学年主任でもあり，子どもと母親とも信頼関係が成立しているのだが，担任を超えてしまいそうなときがあるので，そこがものすごく気を遣った。

【援助方針や案について】
- コーディネーターとして，学校として，何ができるのかの提案をよく考えておかなければいけない（実際にできること，できないことを明らかにしておく）。
- 「困り感」を軽減させる具体策が出なかった。
- 子ども本人が会議に入ることで，学校ができる対応や本人のできることが変わっていく気がした。
- 提案（やってみよう）をすることが多くて，少し心苦しく感じることがあった。
- 前回の会議の話をもとにして，話し合いを進めていくにあたり，全員に発言を求めてよいのか，自分が伝えてよいのかわからなくなった。本人に「どうしてほしいのか」「どうなりたいのか」を十分聞いたうえで，支援案を提案することが大切だと思った。

【コーディネーターとして】
- よいことを子どもや周りの人に知らせることの大切さと，心地良さを体験した。
- 会をなごやかに進めるために，どのように発言を振っていくか気を遣ったが，進んで発言してくれたり，案を出してくれたのでホッとした。
- 学校側ばかりが一方的に話し続けないようにするという点と，本人に無理に話させようとしないということ。母親がそこに「パイプ役」としていてくれたことで，安心できた。
- 保護者，ヒロシ君がいい気持ちで帰れるように，言葉に気配りしながら会を進行していくことは，短時間でも大変でした。
- 参加者全員の状況把握をしていないとスムーズに運営できないと感じました。
- 皆をつなげるのはなかなかむずかしい。
- 支援会に本人が入るのは緊張する。
- 言葉を選んで話をしないといけないから，大変むずかしかった。

2 ロールプレイを用いた研修の手順

　ロールプレイを用いた研修会の標準的な手順を紹介します。参加者がグループになり，苦戦している子ども（架空の例）の援助方針と援助案を，WANTSシートや援助シートを活用して考えます。

　(1)のロールプレイでは時間短縮のため，子どもへの聞き取りがすでに完了しているものとして，記入済みのWANTSシートを使用します（WANTSシートの内容は，子ども参加型援助チームシートのA～C欄にも転記しておきます）。実際の援助では，援助チームの話し合いの前に，コーディネーターが子どものWANTSとNEEDSを聞き取り，WANTSシートに記入するプロセスが必要です。

　時間に余裕があり，WANTSとNEEDSの聞き取りの研修も行いたい場合は，P98からの(2)のロールプレイの手順を参考にしてください。

（1）子ども参加型チーム援助の話し合いに関するロールプレイ

○ねらい	① 子どもや保護者等とのチームの力動を知る ② 子どもを含めて援助案を考える過程を学ぶ
○扱う事例	ここでは**ココロさん**の事例（架空）を使います。 →研修シート1（P100）参照
○参加者	全参加者を各班4人くらいに分けます。
○所用時間の目安	約2時間（講義を含めて約3時間）
○用意するもの	研修シート1　プロフィールシート（P100） 研修シート2　WANTSシート（P101） 研修シート3　援助資源チェックシート（P102） 　　　　　　　参加人数分 研修シート4　子ども参加型援助チームシート（P103） 　　　　　　　参加人数分＋グループ数分

第4章：ロールプレイを用いた研修

● 子ども参加型援助チームの考え方についての講義(30分〜50分) ●	
● 全体講義	ロールプレイの前に，子ども参加型援助チームの考え方や，その基盤である学校心理学についての講義があると効果的です。子どものWANTSやNEEDSについては，本書を参考に，特に参加者で共通理解してください。

● ロールプレイの準備と実施(計70分) ●	
①4人グループをつくる （5分）	机を前後につける。 机を移動して4人グループをつくります。
②配役を決める （5分）	グループ内の配役を決める。 自己紹介を兼ねて役を決めます。援助チームは子ども参加型援助チームを想定し，役割は，子ども・保護者（母でも父でも可）・学級担任・コーディネーター（司会と記録を兼ねる。学年主任・進路指導主事・生徒指導主事・教育相談係・養護教諭・特別支援教育コーディネーターまたはスクールカウンセラーなど）の4人です。 もし5人のチームができた場合は，部活の顧問，管理職などから1人を選んで加えます。3人の場合は，子ども・学級担任・コーディネーターとするなど，臨機応変に対応します。 役割が決まったら，研修シート1，3，4を配る。
③ロールプレイの目的の説明／ココロさんの事例の簡単な説明 （15分）	ココロさんのプロフィールと苦戦の状況（シート1）について簡単に説明する。 これからココロさんのプロフィールとココロさんの問題状況，苦戦の状況（学級・学校，家庭など）についてお話します。必要なことはメモをしてください。 前もって埋めてある援助チームシート（研修シート4）のA〜C欄と，援助資源チェックシート（研修シート3）を読み上げる。 自分の役割になりながら聞きます。ロールプレイなので，不明なところは各自に役になりきって考えてもらいますが，どうしてもという質問があれば受けます。
④ロールプレイの進め方の説明 （10分）	次ページの表を使って話し合いの流れを説明する。 援助チームシート（研修シート4）の上半分「情報のまとめ」は，参加者全員が共有していると考えます。 話し合いでは，「情報のまとめについて確認し，援助方針（とりあえずの援助の大きな柱）について検討すること，時間の範囲で具体的な援助案を考えること」をめざします。

ROLE PLAY

1 　司会者が話し合いの参加者に参加のお礼を述べ，話し合いの目的と時間について伝える。
2 　参加者に自己紹介をしてもらう。そのとき参加者は，子どものいいところや子どもの好きなことについて，1つ話す。子どもへは最後に聞く。
3 　参加者が，子どもの最近の様子について話す。「情報のまとめ」は共有されているという前提の話し合いであるが，ロールプレイの促進のため，「情報のまとめ」から一部を取り上げて話す。
4 　司会者が，「ココロさんについての情報はまだまだ出そうですが，時間に限りがありますので，これらの情報を参考にして，ココロさんを援助する方針について話し合いましょう」と言う。
5 　（時間の範囲で）援助の具体案を話し合う。援助が必要なところ（B欄）に対し，子どもの自助資源（A欄）を活用した案を提案する。
6 　援助案（E欄）に対し，誰が（F欄）いつまでに行うか（G欄）を決定する。
7 　司会者が，次の日程を確認し，参加者にお礼を述べて終わる。

⑤進め方の確認 （5分）	コーディネーターの司会で話し合いを進めることを説明する。 ロールプレイの留意点を伝える。 ☆ロールプレイの目的は，援助チームの話し合いを体験することです。事例について深く理解しようと燃えないようにしてください。 ☆事例の内容でシートに書いていないことは，想像力で補ってください。したがって，各グループの筋書きは違ってきます。参加者のもち味を生かしてください。 ☆B（援助が必要なところ）を見て，A（いいところ）とC（行ったこと）を有効に使って，D（援助方針）やE（援助案）を考えてください。
⑥ロールプレイの実施 （30分）	ロールプレイを始める。 それでは，役割になりきってロールプレイをしましょう。テストではありませんので，気楽に演じてください。自分でその役をイメージして，あとは自由に台本を作ってください。援助案を決める期間は，夏休み中から2学期にかけてでもいいですし，グループで自由に決めてください。それでは，なりきってお願いします。 **終了5分前と終了を知らせる。** 終了！　お名残惜しいでしょうが，終わりにしてください。みなさん，すばらしいですね。まるでココロさんが実在しているかのように，ココロさん・お母さん・お父さん・担任の先生・

	養護教諭の先生などになりきって，お話をしてくださっていました。コーディネーターの先生，お疲れさまでした。大変だったと思います。ありがとうございます。それでは，手をパンとはたきますので，役割をここで降りていただいて，いつもの先生に戻ってください。

● ロールプレイ後の振り返りと討論（50分）●

⑦役割になった感想を話し合う（10分）	それぞれのグループで話し合う。援助案の話し合いの続きではなく，役割を演じた体験について話す。
⑧全体で体験を共有する（10分）	役割ごとに，体験を発表する。講師はそれをまとめ，コメントを出す。
⑨援助方針・援助案の発表（10分）	2つか3つのグループが，援助方針・援助案を発表する。子どもの援助に関する参加者の経験や力，そして参加者が想定する学校内外の援助資源によって，援助方針や援助案がさまざまに作られることに気づかせる。
⑩援助チームについての討論，質疑応答（適宜）	ロールプレイを通して，援助チームについての理解が深まると，援助チームを理解するポイントとなる質問が，参加者から多く提出される。できるだけ時間をとって，援助チームや話し合いの進め方について討論する。

（2）子どものWANTSとNEEDSの共同決定に関するロールプレイ

　研修の時間がさらにとれる場合は，（1）のロールプレイの前に，苦戦している子どものWANTSを聞き取り，NEEDSを子どもと共同決定する過程についても，ロールプレイを行うとよいでしょう（40～50分前後）。

　子ども役の先生が，いま自分の目の前で困っている子どもを頭に浮かべながら，その子どもになりきってロールプレイを行うと，子ども理解が深まります。子どもの気持ち（思いや願い）を知る方法を学びたい場合にも，最適な演習です。

　WANTSシートを使った子どもとの面談については，本書の事例2（P75）も参考にしてください。

● ロールプレイの準備と実施（計40分）●

①2人組をつくる（2分）	2人組をつくる。 90度の位置に座ると緊張が和らぎます。それぞれが一番居心地がよくなるように座ります。
②配役を決める（2分）	ペアで配役を決める。 自己紹介を兼ねて配役を決めます。役割はココロさん役と援助者役（学級担任・養護教諭・特別支援教育コーディネーター・教育相談担当・生徒指導担当・学年主任・スクールカウンセラー等から1つ選択）です。 役割が決まったら，研修シート1，2を配る。
③ロールプレイの目的の説明／ココロさんの事例の簡単な説明（8分）	ココロさんの苦戦の状況等について簡単に説明する。 これからココロさんのプロフィールとココロさんの問題状況，苦戦の状況（学級・学校，家庭など）についてお話します。ココロさん役の先生は，ここで役になりきってください。ココロさんがどのような気持ちなのか，何を悩んでいて何がどうなればいいと思っているかを推測しながら説明を聞いてください。
④ロールプレイの進め方の説明（8分）	研修シート2（WANTSシート）を使い，WANTSとNEEDSの聞き取りの流れを説明する。 援助者役の先生は，シートのSTEPにそって，ココロさんに順番に話を聞いていきます。 STEP1の「子どもの話を聞く前に」の□を読んでから，すべてにレ点を入れてください。 次に順にA，Bの質問をしてください。子どもの回答を箇条書き

	で記入します。 **STEP 2**では子どものカウンセリングニーズについて，□に続く文章を1つずつ読みながら子どもに確認し，該当する□にレ点を入れます。次に子どもが悩んでいることを聞いて記入します。なければ「特になし」と記入します。 **STEP 3**では子どもの話を聞く前に□に続く文章を読んで，心構えについて□にレ点を入れます。次に今後の援助内容について何が必要かをココロさんに聞き取り，該当する領域のニーズ欄に記載します。ないしは，学習面等の各領域ごとに必要な援助について，援助者とココロさんが一緒に考えます。 **STEP 4** STEP 3で共同決定された援助ニーズについて，ココロさんが納得しているかどうかを判断基準として，援助者が□にレ点を入れます。 **STEP 5** STEP 4で子ども参加型援助チームを立ち上げることが決定した場合には，□に続く文章をよく読んでその指示に従います。 **ロールプレイの留意点を説明する。** STEP 3のNEEDSは「今，ココロさんにとって何が必要か」を中心に考えてください。
⑤ロールプレイの実施（20分）	**ロールプレイを始める。** それでは役割になりきって時間までロールプレイをしましょう。 **終了3分前と終了を知らせる。** お疲れさまでした。手をパンとはたきますので役を降りていつもの先生に戻ってください。

● ロールプレイ後の振り返りと討論（20分）●

⑥役割になった感想を話し合う（5分）	各々の2人組で話し合う。役割になった体験について話し合う。
⑦全体で体験を共有する（5分）	役割ごとに体験を発表する。講師はそれをまとめコメントする。
⑧WANTSシートの発表と討論，質疑応答（適宜）	WANTSシートに書いたWANTSとNEEDSについて発表する。参加者からはWANTSからNEEDSを導き出すポイントについて質問がある。できるだけ多く時間をとって参加者と話し合う。

※実際の援助では，子どもを含めたチームで子どものWANTSを聞き取る場合もあります。

研修シート1　ココロさんのプロフィールシート

〈援助チームのメンバー〉
　母親，担任，養護教諭，コーディネーター（教育相談担当，スクールカウンセラー等）

〈子どもが苦戦している状況〉
　ココロは中学校3年生。小学校のころから勉強についていけず，友達に対しての悪口や仲間外れ（無視）を繰り返し，先生に叱られることが多かった。しかし，時に濡れ衣を着せられることもあり，小学校のときは，よく母親に愚痴をこぼしていた。母親は，愚痴を聞くと担任に電話をして，娘の潔白を訴えることを繰り返していた。中学生になると母親に反抗的になり，1年生の終わりごろから部活（テニス）に行かなくなった。中学校2年生の夏休みごろからは，スカートの丈を短くし，茶髪に薄化粧をするようになった。そして，カッとなると同級生に暴力を振るうようになった。ときどき万引きで補導されることもあった。そのことは，学年中の噂になり，好きな時間に来ては帰るココロから，友達は離れていった。中3になると，クラスからは完全に浮き，いらいらしては下級生や同級生と暴力を伴ういざこざを起こすことが多くなった。そのため，ココロが登校すると担任が職員室で指導し，その後下校させていた。

〈学級の様子〉
　学級担任の○○先生は，「一致団結！」という方針である。学年の中では，なんでもまじめにこつこつと行うクラスで，成績もいいクラスである。ココロが学級で話せる友達はトオルだけであり，トオルも茶髪で指導されている。ココロもトオルも穏和な学級担任の○○先生の話は，守れないが聞くことはできる。

〈家族・生育歴〉
　| 父（42歳）銀行員 |, | 母（35歳） |, | ココロ（中学校3年生） |
　父親は，銀行員のため転勤が多い。ココロはそのため小学校のころ2回転校している。ココロが中学生になったときから，父親は単身赴任をしている。母親はPTAの役員の活動を熱心に行っている。ココロは手芸が得意で，編み物やビーズなどで小間物を作るのが大好きである。母親がPTAの活動に忙しかったため，小学校の養護教諭の先生に教えてもらったのが，手芸を好きになったきっかけである。しかし，最近はやらなくなっている。

〈だれが何に困っているのか〉
・担任………「指導しては帰す（学校の方針）の繰り返しでいいのか」悩んでいる。
・母親………「見た目をなんとか先生に強く指導してほしい」と担任に訴えている。
・養護教諭…ココロの遅刻早退が気になっていたため，担任とよく情報交換をしていた。
　　　　　　「何か手助けできないか」と思っているが，言い出せないでいる。

〈援助チームで話し合いをもつようになったきっかけ〉
　担任が困っており，PTAを通じて保護者の相談にものっていたコーディネーターが，保護者や養護教諭に呼びかけて話し合いをもつことになった。コーディネーターは，定期的に保護者と面談をしており，保護者の気持ちも十分くみ取っている。母親もコーディネーターに信頼を寄せている。担任と保護者，担任と養護教諭の関係は良好である。

第4章：ロールプレイを用いた研修

研修シート2　ココロさんのWANTSシート

WANTS シート　【Wants And Needs Thinking Sheet】
援助ニーズについて子どもと共同決定を行うシート

生徒名【3年1組1番：　　　　ココロ　　　】：学級担任名【　　　　　　　　】：聞き取り日時【　年　月　日（　）　：　～　：　】
合意を得るための話し合い参加者【　　　　　　　　　　　　　　　　　　　　】：記入者名【　　　　　　　　　　　　　　】

STEP1　子どものWANTSのアセスメント（子どものしたいこと・したくないこと、してほしいこと・してほしくないこと）

子どもの話を聞く前に…
　□子どもと援助者が本音を語れるような信頼関係がある
　□受容的な雰囲気の中、「したいこと」「したくないこと」を丁寧に聞き取ることを心がける
　□感情を十分にくみ取るように心がける

A.【今、困っていることは何ですか。具体的に教えてください。】

B.【A.についてどうしたいですか、してほしいですか。またはしたくないですか、してほしくないですか。理由も教えてください。】

STEP2　子どものカウンセリングニーズのアセスメント（子どもが悩んでいること）

　□最近眠れない日が多いか
　□体調が悪いことが多いか（顔色や表情にも着目）
　□学校生活で苦戦していることがあるか（対人関係・学習・運動等含む）
　□落ち込むことや不安になる日が続いているか
　□消えてしまいたいと思う時があるか
　　＊ひとつでも☑があったらカウンセリングを開始する。（スクールカウンセラー、養護教諭、教育相談担当等）
　　＊＊深刻度によっては医療や他機関へつなげる
　子どもが今、悩んでいること（　　　　　　　　　　　　　　　　　　　　　　　　　　　　　　　　　　　　　　　）

STEP3　子どものコンサルテーションニーズのアセスメント（子どもの成長・発達にとって必要なことや望ましいこと）

　□STEP1の子どものWANTSを考慮する（WANTSとNEEDSが一致する場合もあり）
　□子どもの感情に注意を払い、子どもの主体性を尊重する
　□援助ニーズを子どもが意識していない、ないしは言語化できない場合は援助者が仮説を立て子どもと共同決定する

□学習面の援助ニーズ　　　　□心理（知能）検査等の必要性あり→結果が出てからSTEP2を再開

□心理・社会面の援助ニーズ　　□心理検査等の必要性あり→結果が出てからSTEP2を再開

□進路面の援助ニーズ

□健康面の援助ニーズ

STEP4　援助ニーズの共同決定

　□子どもがSTEP3の結果に納得しない→STEP1からやり直す。ないしは聞き取る人を替えてみる
　□子どもとSTEP3について共同決定した。
　　　□個別での援助を開始・継続する
　　　□子ども参加型援助チームを立ち上げる

STEP5　子ども参加型援助チームの立ち上げ　　メンバー（子ども・保護者・学級担任・コーディネーター等）

　□話し合いの前にSTEP3で確定された援助ニーズを子ども参加型援助チームシートの援助ニーズ欄へ転記
　□子どもの座席位置の配慮　（例）安心できる人を正面
　□話し合いでは子どもの感情に注意を払い子どもの主体性を尊重
　□決定した援助案を参加者（子どもも含む）が実行。次回うまくいったことといかなかったことを確認し修正
　□上記の過程を定期的に繰り返す（話し合いの間隔、毎週・隔週・月1回・学期1回等問題状況の深刻さに応じて決定）

©Setsuko TAMURA 2017

研修シート3　ココロさんの援助資源チェックシート

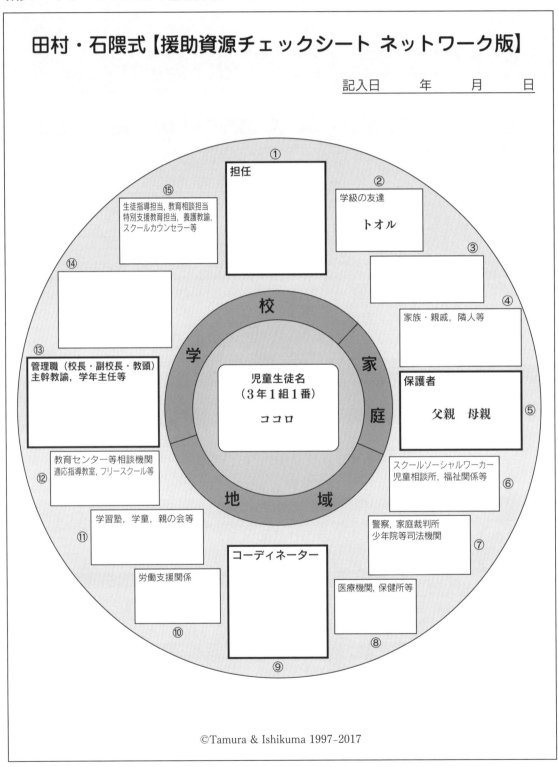

研修シート４　ココロさんの子ども参加型援助チームシート

石隈・田村式　子ども参加型援助チームシート

実　施　日：××年６月６日（月）16時00分〜17時00分　第１回
次回予定：××年６月20日（月）16時00分〜17時00分　第２回
出席者名：

苦戦していること（　　　　　　　　　　　　　　　）

３年１組１番 生徒名 ココロ 担任名	学習面 (学習状況)(学習スタイル)(学力) など	心理・社会面 (情緒面)(ストレス対処スタイル)(人間関係) など	進路面 (得意なことや趣味)(将来の夢や計画)(進路希望) など	健康面 (健康状況)(身体面での訴え) など
（A） 自助資源 (いいところ・得意なところ)	・体育が得意 ・家庭科が好き ・実験が好き	・寂しがりや ・はっきり意見を言える ・素直なところがある ・友だちがほしいと思っている ・好きなことはとことんやる	・手芸（編み物，ビーズ） ・高校進学希望	・朝１人で起きる
（B） 援助ニーズ (援助が必要なところ) ＊WANTSシートからも転記	・意欲が低い ・集中力が続かない ・忘れっぽい	・カッとなると暴力をふるう ・イライラしがち ・悪口や仲間外れをする（小学生から） ・茶髪，薄化粧（中２から） ・遅刻，早退	・進路選択	・食が細い
（C） してみたこととその結果	・オンライン教材を勧めたところ，興味をもっていた ・プリントを渡したところ，なくしてしまった	・相談室に呼んだところ，よく話した ・強く指導をしたら，反発した	・高校の希望を聞いたが，本人はあきらめている	・特になし
（D） 援助方針 (この時点での目標)	・短期目標・長期目標・配慮が必要なことなど（可能な限り子どもの主体性を生かす）			

		学習面	心理・社会面	進路面	健康面
（E） 何を行うか （F） 誰が行うか	子ども				
	保護者				
	教師等				
（G） いつからいつまでに行うか	子ども				
	保護者				
	教師等				

©Ishikuma & Tamura 2017

巻末付録　子どもの学校生活の質を向上させるツール

子どもの学校生活の質（Quality of school life）向上のためのパッケージ

①WANTSシート（Wants and Needs Thinking sheet）　→P106

　教師・援助者が記入。援助ニーズを子どもと共同決定するためのシートです。子ども参加型チーム援助では，子どものWANTS（欲求）から援助ニーズをつかみとることが，援助が成功するコツとなります。援助者はシートに沿って子どもと話し合い，子どもが意識しているWANTSから子どもの援助ニーズの仮説を立てます。援助ニーズに子どもが納得することが重要なポイントです。

②石隈・田村式　子ども参加型援助チームシート　→P107

　教師・援助者が記入。従来の援助チームシートに，子どもの欄が追記されているものです。子ども参加型援助チームの話し合いで使用します。援助ニーズの欄には，WANTSシートで確認された援助ニーズを転記します。話し合いの場で新たに確認された援助ニーズを追記してもかまいません。子どもの援助ニーズや子どもの自助資源等をもとに，援助案を考え実行するためのシートです。

③田村・石隈式　援助資源チェックシートネットワーク版　→P108

　教師・援助者が記入。学校内外の子どものサポーターを発見するためのシートです。子ども参加型援助チームの話し合いで使用します。援助資源チェックシート・ネットワーク版の活用は，文部科学省が提唱する「チーム学校」の具現化にも役立ちます（P109参照）。

④石隈・田村式　プロフィールシート　→P110

　教師・援助者が記入。現在の子どもの情報に加え，これまでの成長にかかわる情報や家庭環境などの情報を書き込むシートです。苦戦が長期化している場合にも有効です。

⑤石隈・田村式　個別の指導計画シート　→P111

　教師・援助者が記入。発達障害のある子どもへの援助では，個別の指導計画案を作成し実践することが求められます。長期的・短期的な援助案を具体的に作成するのに使用します。

⑥石隈・田村式　アンケートシート（児童生徒版）　→P112

　子どもが記入。4領域（学習面，心理・社会面，進路面，健康面）について，自分のいいところや気になるところ，手助けしてくれる援助資源などを，子どもが自分で記入でき

るように構成されたシートです。筆跡や書き方（薄い字，殴り書き等）からも，子どもの状況を確認することができます。予防開発的な援助にも，援助ニーズが大きな子どもへの援助にも活用できます。

⑦石隈・田村式　アンケートシート（保護者版）　→P113

　保護者が記入。学級懇談会や保護者会などで，保護者が子どもの4領域（学習面，心理・社会面，進路面，健康面）について書き込むことができるように構成されたシートです。面談時（三者面談でも）に，個別に記入してもらうこともできます。保護者はわが子の「できていないところ」へ着目する傾向があるため，保護者が子どものいい部分へ目を向けられるのもこのシートの特徴です。

⑧スクール・セーフティネット・チェックシート（小学生版）　→P114

⑨スクール・セーフティネット・チェックシート（中学生・高校生版）　→P114

　教師・援助者が記入。教師と子どもの会話頻度をもとに，子どもの人的なセーフティネットの状況を知り，援助ニーズと対応を考える試みです。学校内で孤立ないしは孤独な可能性のある子どもがExcelファイルに自動で表示されます。

⑩睡眠＆生活チェックシート　→P116

　子どもが記入。子どもが，インターネットやスマートフォンの使用時間や睡眠時間など，自分の生活時間について振り返り，記入するシートです。時間の使い方が一目でわかり，生活習慣の見直しに活用できます。生活時間を客観的に見つめるためには，子ども本人が書くことを勧めましょう。本人が書くことがむずかしい場合には，保護者や先生が聞き取って記入します。

⑪援助ニーズレベル・チェックシート　→P118

　教師・援助者が記入。通知表の評定欄等を活用して，子どもの援助ニーズのレベルを客観的に知る試みです。Excelファイルで，子どもの援助ニーズのレベルが「学習面×心理・社会面」でクロス集計され，援助に役立てられます。援助ニーズレベル別の人数や割合を，クラスごとにみることもできます。1学期末（夏休み等）に行うと，2学期からの援助に役立ちます。2学期ないしは3学期末に行うと，クラス編成や申し送りに活用できます。

⑫SOSチェックリスト　→P119

　教師・援助者が記入。問題状況のある子どもを早期発見するためのシートです。クラス名簿などを使って学級担任がチェックを行い，チェックがついた子どもには個別に話を聞くなど対応します。

シート①

WANTS シート 【Wants And Needs Thinking Sheet】
援助ニーズについて子どもと共同決定を行うシート

児童生徒名【 年 組 番： 　　　　　　　】：学級担任名【 　　　　　　　】：聞き取り日時【 年 月 日（ ） ： ～ ： 】
合意を得るための話し合い参加者【 　　　　　　　　　　　　　　　　　　　　　　　】：記入者名【 　　　　　　　】

STEP 1　子どものWANTSのアセスメント （子どものしたいこと・したくないこと，してほしいこと・してほしくないこと）

子どもの話を聞く前に…
　□子どもと援助者が本音を語れるような信頼関係がある
　□受容的な雰囲気の中，「したいこと」「したくないこと」を丁寧に聞き取ることを心がける
　□感情を十分にくみ取るように心がける

A.【今，困っていることは何ですか。具体的に教えてください。】

B.【A. についてどうしたいですか，してほしいですか。またはしたくないですか，してほしくないですか。理由も教えてください。】

STEP 2　子どものカウンセリングニーズのアセスメント （子どもが悩んでいること）

　□最近眠れない日が多いか
　□体調が悪いことが多いか（顔色や表情にも着目）
　□学校生活で苦戦していることがあるか（対人関係・学習・運動等含む）
　□落ち込むことや不安になる日が続いているか
　□消えてしまいたいと思う時があるか
　　＊ひとつでも☑があったらカウンセリングを開始する。（スクールカウンセラー，養護教諭，教育相談担当等）
　　＊＊深刻度によっては医療や他機関へつなげる
子どもが今，悩んでいること（　　　　　　　　　　　　　　　　　　　　　　　　　　　　　　　　　　　　　　）

STEP 3　子どものコンサルテーションニーズのアセスメント （子どもの成長・発達にとって必要なことや望ましいこと）

　□STEP 1の子どものWANTSを考慮する（WANTSとNEEDSが一致する場合もあり）
　□子どもの感情に注意を払い，子どもの主体性を尊重する
　□援助ニーズを子どもが意識していない，ないしは言語化できない場合は援助者が仮説を立て子どもと共同決定する

□学習面の援助ニーズ　　　　□心理（知能）検査等の必要性あり→結果が出てからSTEP 2を再開

□心理・社会面の援助ニーズ　　□心理検査等の必要性あり→結果が出てからSTEP 2を再開

□進路面の援助ニーズ

□健康面の援助ニーズ

STEP 4　援助ニーズの共同決定

　□子どもがSTEP 3の結果に納得しない→STEP 1からやり直す。ないしは聞き取る人を替えてみる
　□子どもとSTEP 3について共同決定した。
　　□個別での援助を開始・継続する
　　□子ども参加型援助チームを立ち上げる　→STEP 5へ

STEP 5　子ども参加型援助チームの立ち上げ　メンバー（子ども・保護者・学級担任・コーディネーター等）

　□話し合いの前にSTEP 3で確定された援助ニーズを子ども参加型援助チームシートの援助ニーズ欄へ転記
　□子どもの座席位置の配慮　（例）安心できる人を正面
　□話し合いでは子どもの感情に注意を払い子どもの主体性を尊重
　□決定した援助案を参加者（子どもも含む）が実行。次回うまくいったこといかなかったことを確認し修正
　□上記の過程を定期的に繰り返す　（話し合いの間隔，毎週・隔週・月1回・学期1回等問題状況の深刻さに応じて決定）

©Setsuko TAMURA 2017

シート②

石隈・田村式【子ども参加型援助チームシート】

実 施 日： 　年 月 日（ ）時 分〜 時 分 第 回
次回予定： 　年 月 日（ ）時 分〜 時 分 第 回
出席者名：

苦戦していること（　　　　　　　　　　　　　　　　　　　　　　　　　　　　　　　　　　　）

年　組　番 児童生徒名 担任名		学習面 （学習状況）（学習スタイル） （学力）など	心理・社会面 （情緒面）（ストレス対処スタイル）（人間関係）など	進路面 （得意なことや趣味）(将来の夢や計画)（進路希望）など	健康面 （健康状況） （身体面での訴え） など
(A) 自助資源 （いいところ・ 得意なところ）					
(B) 援助ニーズ （援助が必要なところ） ＊WANTSシートから も転記					
(C) してみたことと その結果					
(D) 援助方針 （この時点での目標）		・短期目標・長期目標・配慮が必要なことなど（可能な限り子どもの主体性を生かす）			
(E) 何を行うか (F) 誰が行うか	子ども				
	保護者				
	教師等				
(G) いつから いつまでに 行うか	子ども				
	保護者				
	教師等				

☐WANTSシートの記入後に使用することが望ましい。

©Ishikuma & Tamura 2017

シート③

田村・石隈式【援助資源チェックシート ネットワーク版】

記入日　年　月　日

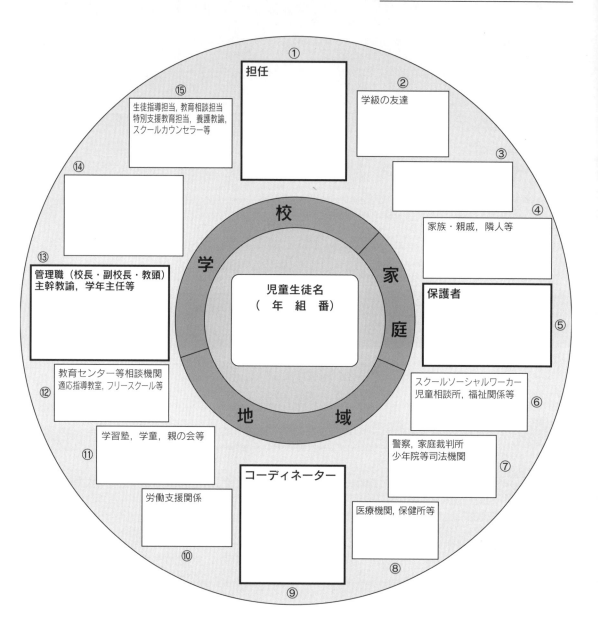

©Tamura & Ishikuma 1997-2017

援助資源チェックシート・ネットワーク版の活用は，文部科学省が提唱する「チーム学校」の具現化にも役立ちます。「チーム学校」としての取り組みのポイントは次の3点です。
（1）専門性に基づくチーム体制の構築（横軸）：心理・福祉，特別支援教育などの専門スタッフを学校の教育活動のなかに位置づける（地域と連携も）。
（2）学校のマネジメント機能の強化（縦軸）：校長・副校長・教頭や主幹のリーダーシップ，事務体制の整備等により学校組織が教育目標のもとに動くようにする。
（3）教職員が力を発揮できる環境の整備（場）：学び続ける教師の考え方を踏まえ，人材育成，業務改善の取り組みを進める。

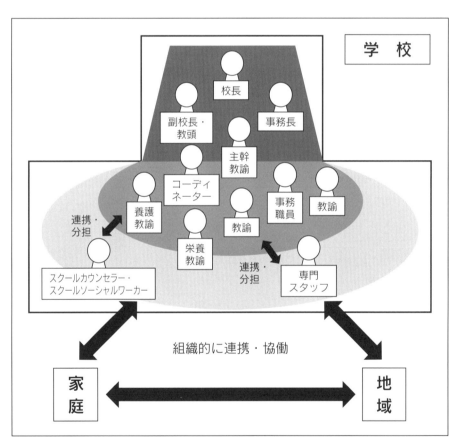

出典：文部科学省中央教育審議会「チームとしての学校の在り方と今後の改善方策について」
（答申）2015年12月21日を，石隈（2016）が修正

図　「チーム学校」のイメージ図

シート④

石隈・田村式【プロフィールシート】（　　年　　月　　日現在）記入者＿＿＿＿＿＿＿＿

[　　年　　組　　番]
子どもの名前：　　　　　　　　　　担任名：

1　子どもが苦戦している状況

2　学級の様子（学級の雰囲気，担任の方針など）

3　家族（構成，子どもの問題状況のとらえ方，大切にしていることなど）

4　生育歴（発達課題の達成状況など）

5　援助チームメンバー

6　だれが何に困っているか

だれが	何に困っているか

7　援助チームで話し合いをもつようになったきっかけ

©Ishikuma & Tamura 2006-2017

シート⑤

【石隈・田村式 個別の指導計画シート】

作成日　　　　年　　月　　日（　）

児童生徒名：　　　　年　　組　　番［　　　　　　］
学級担任名：［　　　　　　］　通級学級担任名：［　　　　　　］

---このシートでのサポート対象に○をつけ，それについてシートを作成してください。---

知的能力・学習面　　言語面・運動面　　心理・社会面　　健康面　　生活面・進路面

GOAL	長期目標 （1年の間に伸ばしたい力）		
	短期目標 （学期で伸ばしたい力）	1 ▼	2 ▼
PLAN&DO	援助で何を誰が行うか		
	いつ・どこで行うか		
	学級経営・学校経営上の工夫，援助機関との連携，用いる教材など		
SEE	評価 （うまくいったこと　うまくいかなかったこと）		

©Ishikuma & Tamura 2006-2013

シート⑥

【石隈・田村式 アンケートシート児童生徒版】

実施日：＿＿＿＿　年　月　日

これはあなたの学校生活のサポートに役立てるものです。成績や評価には一切関係ありません。書けるところだけ記入してください。

責任者（　　　　　　　　　）

名前　年組番		学習面について	心理・社会面について	進路面について	健康面について
あなたについて	あなたのいいところを教えてください	得意(すき)な教科や自信があるものは何ですか？ やりやすい学習の方法は何ですか？ 学習面でやってみたいことは何ですか？	自分の性格ですきなところは何ですか？ 何をしている時が一番楽しいですか？ 友達との過ごし方について教えてください	趣味や今、はまっていることは何ですか？ 目標（憧れ）の人はだれですか？ 将来の夢やなりたい職業は何ですか？ 卒業後の進路希望を教えてください	体を動かすことですきなことは何ですか？ 健康にいいことでしていることは何ですか？ 自分の体力についてどう思いますか？
	あなたが気になっていることを教えてください	嫌いな教科は何ですか？ 苦手な教科は何ですか？ 勉強面で苦戦していることは何ですか？	自分の性格で、気になるところは何ですか？ 学校・家庭・友達などでどんな悩みがありますか？	将来の職業についてどんな情報が必要ですか？ 卒業後の進路についてどんな情報が必要ですか？	体のことで気になることは何ですか？
友達について	クラスや部活などで親しい人をさしつかえなければ教えてください				
相談について	あなたは困った時にだれに相談しますか？	友達・先生・家族（お父さん，お母さん，兄弟姉妹，おじいちゃん，おばあちゃん）・その他（　　　） └名前を書ける人は教えてください（　　　　　　　　　　　　　　）			
	今，だれかに相談したいことはありますか？	はい　・　いいえ （どちらかに○をつけてください）			
その他	かわいがっているものはありますか？	（動物や花など何でも：いくつでも。ペットの名前も教えてください）			

© Ishikuma & Tamura 2003

ありがとうございました

シート⑦

【石隈・田村式 アンケートシート保護者版】

実施日：　　　年　月　日

これは **お子さんのこと** をよりよく知って，お子さんのサポートに役立てるものです。

責任者（　　　　　　　）

名前　　年　組　番		学習面について	心理・社会面について	進路面について	健康面について
保護者					
子ども					
お子さんについて	お子さんのいいところを教えてください	得意（好き）な科目や自信のあるものは何ですか	性格でいいところはどんなところですか	趣味や今，はまっていることは何ですか	体を動かすことですきなことは何ですか
		やりやすい学習の方法は何ですか	何をしている時が一番楽しいですか	目標（憧れ）の人はだれですか	健康にいいことを何かしていますか
				将来の夢やなりたい職業は何ですか	
		学習面でやってみたいことは何ですか	どんなふうに友達と過ごしていますか	進路希望は何ですか	体力についてどう思いますか
	お子さんの気になっていることを教えてください	嫌いな科目は何ですか	性格の気になるところはどんなところですか	将来の職業についてどんな情報を必要としていると思いますか	健康面で心配なことは何ですか
		苦手な科目は何ですか			
		勉強面で苦戦していることは何ですか	学校・家庭・友達などでどんな悩みがあると思いますか	卒業後の進路についてどんな情報を必要としていると思いますか	
心がけていること	おうちの方がお子さんへの対応で心がけていることやその結果について教えてください				
相談について	お子さんは困った時にだれに相談しますか	友達（　　　　　　　）・先生（　　　　　　　） 家族（父，母，兄弟姉妹，祖父母）・その他（　　　　　）			
	お子さんのことで困った時にだれに相談しますか	友人・家族（配偶者・父母・子ども）・近隣者および親戚 　　その他（　　　　　　　） 　　※今だれかに相談したいことはありますか？　　はい　・　いいえ			
その他	お子さんがかわいがっているものはありますか	（動物や花など何でも：いくつでも）			

© Ishikuma & Tamura 2003

ありがとうございました

シート⑧

| スクール・セーフティネット・チェックシート（小学生版） |

シート⑨

| スクール・セーフティネット・チェックシート（中学生・高校生版） |

＊スクール・セーフティネット・チェックシートは図書文化HP内にある本書のサポートページからExcelファイルをダウンロードすることができます（P14参照）。

　先生と子どもの会話頻度をもとに，子どもの人的なセーフティネットを知り，援助ニーズへの対応を考える試みがスクール・セーフティネット・チェックシートです。（以下の例は小学生版）

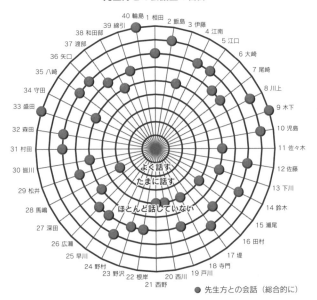

先生方との会話量の合計

チェックの仕方

1．子どもとの会話量をチェックする期間を決める（2週間，1か月など）。
2．1で決めた期間について，学級担任は子ども一人一人との会話量をチェックしてシートに記入する（教科担任，部活動顧問，養護教諭など，複数の教師が記入して集計することもできる）。
3．学級担任と子どもの会話量（複数教師が記入した場合は，その合計）が，右のような円グラフに表示される。会話量の少ない子どもへは，日常の声かけを工夫する。
4．子どもたちのなかで，とくに教師との会話が少ない子どもをシートに表示する（次ページの円グラフ）。

5. この子どもたちは，スクール・セーフティネットから漏れている可能性があるので（孤立ないしは孤独な可能性のある子ども），下記のチャートをもとに対応を行う。

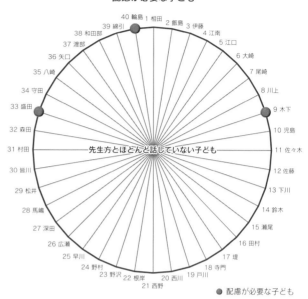

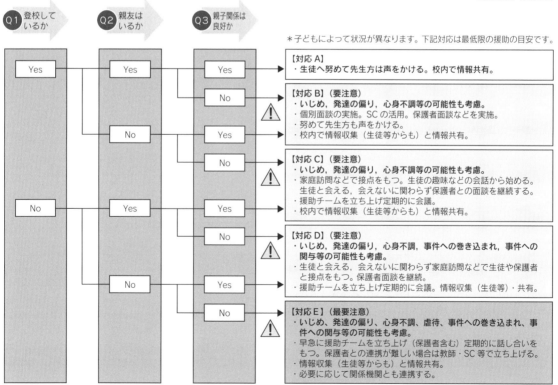

シート⑩

睡眠＆生活チェックシート

- ぐっすり寝た時間…■
- うつらうつら寝た時間…///
- 食事をした時間…●
- 学校にいた時間…○
- 家で勉強した時間…◇
- 運動した時間…◆
- お風呂に入った時間…♨
- 薬を飲んだ時間…★
- 家でネット・スマホ等をした時間…▼
- 趣味を楽しんだ時間（ネット・スマホ等以外）…▽
- 外出した時間（買い物や散歩など）…◎
- 習い事をした時間（学習塾やダンスなど）…☆
- （＊　　　　　　　　　　）…
- （＊　　　　　　　　　　）…
- （＊　　　　　　　　　　）…

＊計りたい項目を記入してください↑

【　　年　　月】名前

＊計りたい項目を記入してください↓

日/曜日 \ 時間	\<午前\> 6	7	8	9	10	11	\<午後\> 12	13	14	15	16	17	\<夜\> 18	19	20	21	22	23	0	1	2	3	4	5	睡眠合計	食事回数	＊スマホ時間	＊時間
記入例		●	○	○	○	○	○	●	○	○	○	○	▼	●	◇	▽	▼	▼	♨	///	■	■	■	■	6	3		
1																												
2																												
3																												
4																												
5																												
6																												
7																												
8																												
9																												
10																												
11																												
12																												
13																												
14																												
15																												
16																												
17																												
18																												
19																												
20																												
21																												
22																												
23																												
24																												
25																												
26																												
27																												
28																												
29																												
30																												
31																												

© Setsuko Tamura 2017

睡眠＆生活チェックシートは，ネットやスマートフォン（スマホ）に使用している時間や睡眠時間など自分の生活時間についてふり返って記入する表です。時間の使い方が一目でわかります。生活時間を客観的に見つめるために，子どもに書くことを勧めましょう。（ネットやスマホを使用する前の生活時間について思い出し，数日分記入すると，生活の変化を比較することもできます。）

　本人が書くことがむずかしい場合には，保護者の方が聞き取って書いてください。1日のスケジュールを明らかにし，親子で共有，見直しを図っていきましょう。

ポイント1．　ネットやスマホのやりすぎの背景には，子どもの「寂しさ」「不安」「孤独感」「惨めさ」などが隠れています。子どもとのコミュニケーションを心がけましょう。
　　　　　　・最近，会話をしていますか？　ほめていますか？　親子で遊びに出かけていますか？
　　　　　　・ネット・スマホ以外で子ども同士が遊ぶ時間を多くとってあげていますか？

ポイント2．　子ども自身がやりすぎを自覚し，コントロールしたいと思えるように促しましょう。
　　　　　　・「こんなにやっているの！」と叱らないでください。次から嘘を書くようになります。
　　　　　　・「睡眠時間がずいぶん減ってるね」「毎日4時間もスマホをやっているのね」と，事実のみ指摘してください。
　　　　　　・事実を指摘した後で「お母さん心配だわ」と，保護者の方の気持ちを伝えてあげてください。
　　　　　　・気持ちを伝えた後で，やり過ぎの弊害について具体的にかつ毅然と教えてあげてください。たとえば，「ネットをやめたくてもやめられない時には，ネット依存という病気の可能性がある。ネット依存症になると，ネットをやめたくてもやめられなくなって，いつもネットのことが頭から離れなくなるの。すると，体調が悪くなったり，学校に行けなくなったり，重大な問題が起きてくるのよ。（新聞記事等も見せて視覚的にも訴えると効果的）」
　　　　　　注：勉強のためにアプリやネットを使用している場合もありますから，内容も確認しましょう。
　　　　　　　　勉強のためのアプリやネット利用の場合には，使用時間を自分でコントロールできます。

ポイント3．　どうしたら規則正しい生活リズムを整えられるか，シートを見ながら子どもと一緒に考えましょう。
　　　　　　・少しずつ改善していくようにスモールステップでお願いします。例えば，「1時間早く眠るようにしようね」。できたらほめましょう。できなかったときに「なんで早く寝ないの！約束したでしょ！」と叱っても効果はありません。ますますネットやスマホに依存します。

　　　＊上記の方法でも改善しない場合，依存傾向が進んでいる場合があります。
　　　　そのときには，記入済みの睡眠＆チェックシートを持参して専門外来を受診してください。
　　　　シートを持参すると，一目で生活のリズムがわかり医師の判断の助けになります。

シート⑪

援助ニーズレベル・チェックシート

＊援助ニーズレベル・チェックシートは図書文化HP内にある本書のサポートページからExcelファイルをダウンロードすることができます（P14参照）。

　援助ニーズレベル・チェックシートは，子どもの援助ニーズレベルを客観的に知ろうとする試みです。4領域のうち，学習面，心理・社会面における援助ニーズが高い子どもの発見や援助に役立てられます。さらに，クラスにおける援助ニーズレベル別の人数や割合がわかります。1学期末（夏休み等）に行うと2学期からの援助に役立ちます。2ないしは3学期末に行うとクラス分けや申し送りに活用できます。

[チェックの仕方]
- sheet 1 に児童生徒名と記入日を入力し，通知表の評定欄をもとに，各項目にチェックを入れる。
- sheet 2 に，児童生徒の学習面，心理・社会面における援助ニーズがクロス表で表示される。右下の生徒ほど援助ニーズが大きい。

援助ニーズレベルのチェックシート　　　学級： 3－B　　　担任： 那珂川 桜　　　記入日： 2017年2月20日

番号	名前	学習面		心理・社会面（学期末評価）							ニーズレベル	
		20点以下がある	5教科全て60点以上	意欲・関心・態度（Cの数）		欠席数		遅刻		エスケープ	学習面	心理・社会面
				4つ以上	1〜3つ	10日以上	3〜9日	5回以上	1〜4回	あり		
1	阿部 正	☑	☐	☐	☐	☐	☐	☐	☐	☐	3	1
2	井出光太	☐	☑	☐	☐	☐	☐	☐	☐	☐	1	1
3	宇田川類	☐	☐	☐	☐	☐	☐	☐	☐	☐	2	1

〈sheet 1〉

援助ニーズレベル　分布表

学級： 3－B　　担任： 那珂川 桜　　記入日： 2017年2月20日

		心理・社会面		
		一次的援助（予防・開発的）	二次的援助（援助ニーズあり）⚠	三次的援助（大きな援助ニーズ）⚠
学習面	一次的援助（予防・開発的）	井出光太，香山雄二，久米太一，小室撒平，江藤結，加藤芽衣，佐々木一夏 …（小計：7人／25.0％）	榎木進，清水陸，萩谷愛 …（小計：3人／10.7％）	織田ひまり …（小計：1人／3.6％）
	二次的援助（援助ニーズあり）⚠	宇田川類，田中海人，中川聡介，高木葵，戸田ほのか …（小計：5人／17.9％）	北村浩一郎，瀬川英二，井上かんな，小林美優，野原あいり …（小計：5人／17.9％）	岡田幸一，宇留野ののか …（小計：2人／7.1％）
	三次的援助（大きな援助ニーズ）⚠	阿部正，佐藤渉，鈴木沙羅 …（小計：3人／10.7％）	荒井はな …（小計：1人／3.6％）	田村レオ …（小計：1人／3.6％）⚠

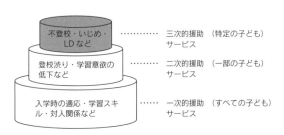

…… 三次的援助　（特定の子ども）サービス
…… 二次的援助　（一部の子ども）サービス
…… 一次的援助　（すべての子ども）サービス

〈sheet 2〉

シート⑫

SOSチェックリスト

子どもの様子の変化を早期に発見するためのチェックリストです。名簿形式の表を利用して学級の子どもたち全員についてチェックするといいでしょう。

石隈利紀『学校心理学』誠信書房より

小学生のSOSチェックリスト

学習面
- □勉強への取り組みに変化はないか
- □勉強の道具の忘れ物が最近増えていないか
- □宿題の取り組みに変化はないか
- □テストの成績が下がっていないか
- □授業中に手が挙がらなくなっていないか
- □授業中にぼんやりすることが増えていないか
- □授業中に不安な表情をしていないか

心理・社会面
- □自分に対して否定的なイメージをもつようになっていないか
- □学校での表情が暗くなっていないか
- □イライラすることが増えていないか
- □怒りがおさまらないことがないか
- □一緒に遊ぶ友人に変化はないか
- □学級内で孤立していないか
- □家族に変化はないか
- □教師に対する態度に変化はないか（例：さける，職員室や保健室の近くによく来る）

進路面
- □好きなこと，楽しめることが減ってきていないか
- □得意なことが減ってきていないか
- □夢が言えなくなっていないか

健康面
- □食事の様子に変化はないか
- □けがや病気をしていないか
- □頭痛や腹痛の訴えが続いていないか
- □眠そうな顔をする日が続いていないか

全般
- □登校しぶりはないか
- □最近,「事件（変わったこと）」はないか
- □不規則な生活を送っていないか

中学生のSOSチェックリスト

学習面
- □勉強への取り組みに変化はないか
- □中間テスト，期末テストの成績が急に下がっていないか
- □授業に投げやりになり始めていないか
- □授業中にぼんやりすることが増えていないか
- □授業中に眠ることが増えていないか

心理・社会面
- □自分に対して否定的なイメージをもつようになっていないか
- □学校での表情が暗くなっていないか
- □イライラすることが増えていないか
- □学級内で孤立していないか
- □家族との関係に変化はないか
- □教師に対する態度に変化はないか（例：さける，職員室や保健室の近くによく来る）
- □服装や言葉遣いに変化はないか

進路面
- □新しい事象や自分のこと以外に関心がもてなくなっていないか
- □得意なこと（学習面，運動面，趣味など）が減ってきていないか
- □決心がつきにくくなっていないか
- □高校進学（大学進学）について急に態度を変化させていないか

健康面
- □食事の様子に変化はないか
- □けがや病気をしていないか
- □頭痛や腹痛の訴えが続いていないか
- □眠そうな顔をする日が続いていないか

全般
- □遅刻・早退が続いていないか
- □理由の不明確な欠席はないか
- □最近,「事件（変わったこと）」はないか

おわりに
子どもから信頼されるおとなに

　いま，私たちは「子どもから信頼されるおとな」かどうかを試されています。

　わが国ではじめてチーム援助について詳細に記述した『チーム援助入門―学校心理学・実践編―』を執筆してからすでに約15年が経とうとしています。あのころの子どもたちの苦戦と，いまの子どもたちの苦戦は微妙に変化しています。
　デジタルネイティブであるいまの子どもたちはスマートフォンを所有し，コミュニケーションの多くの部分をSNSを駆使して行っています。大変便利になりましたが，家に帰ってからも友達と見えない電波の糸でつながっています。そして，子どもたちはカウンセリングの中で訴えてきます。「いつでもどこでも返事をしなければ友達グループから省かれる」と……。また，ネットのバーチャルな世界でも二次元の濃密なつき合いをもっています。そこで困ったことが起きても，「心配かけたくないから」「命と同じくらい大切なスマホを取り上げられるかもしれないから」と親へ相談することなく沈黙してしまいます。いまの子どもたちは，友達関係や親子関係を維持していくのに気を遣い，友達を信じること，親を信じること，教師を信じること……人を信じることに苦戦しています。
　子どもたちは，いま，心身共に疲れています。不登校やいじめは減る気配がなく，加えて貧困，LGBTなどの問題もクローズアップされてきています。親も，忙しいうえにSNSで親同士がつながることで疲弊しています。子どもと向き合う時間や気持ちがもてない親も少なくありません。日本の親子のあり方も問われています。教師は教師で，最先端のICT機器を駆使し授業の質向上のための努力が求められ，また子どもや保護者へのきめ細かな対応も求められます。時間がいくらあっても足りない状況です。

　子どもは本来，友達やおとなとゆったりとした関係をもち，あたたかく包まれながらゆっ

くりと成長していく存在です。でも，残念ながらいまのような社会環境や人的環境の中では，子どもたちが発達課題や自立の課題を超えていくのもむずかしそうです。子ども・若者白書（内閣府，2016）によると，「日本の子どもは諸外国に比べて自己肯定感が低い。諸外国と比べて，うまくいくかわからないことに対し意欲的に取り組むという意識が低く，つまらない，やる気が出ないと感じる若者が多い。諸外国と比べて，悲しい，ゆううつだと感じている者の割合が高く，自分の将来に明るい希望をもっていない。」ことなどを報告しています。

　では，どうやったら子どもたちが困った状況から脱し，元気を取り戻し，発達課題を乗り越え，自分の能力を最大限に発揮できるようになるのでしょうか。

　私は，いまこそ子どもとのパートナーシップが大切だと確信しています。パートナーシップは，本書でも述べてきましたように対等性と協働性がキーワードです。対等性と協働性を得るには，まずは子どもと信頼関係を築き直し，私たちが子どもから信頼を得られるおとなとして存在することが第一だと思います。そのためには，「いまを生きる子どもたち」の声に真摯に耳を傾け，子どもが「何に困っている？」「何をしたい？　何がしたくない？」「何を知りたい？」などについて安心して語れる存在として，私たちが子どもたちの前に立つことでしょう。言い換えれば「否定しないで子どもの心の声に十分に耳を傾ける」というカウンセリングマインドがおとなに求められています。カウンセリングマインドを発揮するためには，子どもと向き合うゆったりとした時間を私たちがつくる必要があります。「忙しいからいまは無理！」「あとで時間ができたら聞くから……」などとこれまで私たちは子どもの話を聞くことを後回しにしてこなかったでしょうか。

　私が駆け出しのカウンセラーだったころ，ある精神科医に教えてもらいました。「心の隙間は少ししかない」と……。そうなのです。子どもがなにか言いかけたその瞬間が，心の扉に隙間ができた瞬間なのです。こちらの準備が整い「さあ，話してごらん」と呼びかけても，そのときには子どもの心の扉は固く閉じられてしまっています。いったん閉じた心の扉を開けるのは容易ではありません。さらに，「時間は意識して切り取らないとつくることができない」とも私は教わりました。子どもが言いかけたら，私たちは忙しくても意識して時間をつくる必要があります。どうしても忙しかったら「いま時間がないから10分くらいしか聞くことができないんだけど，ぜひ，いま，聞かせてほしい」と子どもへ伝えましょう。タイミングは逃してはいけないのです。

　子どもの訴えに耳を傾け，子どものWANTSやNEEDSを尊重することで，子どもはおとなに受け入れられていると実感し，さらに自分が「大切な存在である」と実感することができます。おとなに受け入れられているという感触が，自分で実行しようとする意欲へ

結びついていきます。子どもは弱い立場ですが，計り知れない潜在能力をもっています。

いまこそ，子どもとのパートナーシップがおとなに必要とされています。

いま，私たちおとなは「子どもから信頼されるおとな」かどうか試されています。

いま，私たちおとな自身が変わることが求められています。自戒を込めて……。

＊原稿を書き終えるにあたり，まず事例の掲載をご快諾くださいました保護者の皆様と子どもであるご本人たちに心から感謝申し上げます。さらに援助ニーズレベル・チェックシートの項目選定にご協力いただきました吉本恭子先生（高知市立西部中学校教頭）（2017年3月時点）へ心から感謝申し上げます。また事例2のタケルへの実践をご報告くださり，WANTSシートの改良にご協力いただいた佐藤一廣さん（東京成徳大学大学院社会人院生）（2017年3月時点）に心から感謝申し上げます。実践中，佐藤一廣さんは何度も目をキラキラさせてWANTSシートの効果についてご報告くださいました。案内役となったこのシートを開発してほんとうによかったと実感しています。

最後になりましたが，この本の企画・編集を手がけてくださった図書文化社渡辺佐恵さんへ心からの感謝を申し上げます。いつも私たちの意図を汲んでくださりきめ細やかに編集をしてくださいました。渡辺佐恵さんのおかげで，この本に命が吹き込まれましたこと，大変嬉しく思っております。ほんとうにありがとうございました。

田村　節子

【引用参考文献】

- Caplan, G. "Principles of Preventive Psychiatry", New York；Basic Books, 1964（新福尚武監訳『予防精神医学』朝倉書店, 1970）
- House JS：Work Stress and Social Support（Addison-Wesley series on occupational stress）Addison-Wesley Educational Publishers Inc. 1981
- 藤田和弘監修, 熊谷恵子・青山真二編著『小学校個別指導用長所活用型指導で子どもが変わる　Part 2』図書文化, 2000
- 東中須恵子「インフォームドコンセント」國分康孝監『カウンセリング心理学事典』208-209, 誠信書房, 2008
- 石隈利紀『学校心理学―教師・スクールカウンセラー・保護者のチームによる心理教育的援助サービス』誠信書房, 1999
- 石隈利紀「子どもが生きることをどう援助するか～吃音への援助から学ぶ」伊藤伸二・吃音を生きる子どもに同行する教師の会編『親, 教師, 言語聴覚士が使える吃音ワークブック～どもる子どもの生きぬく力が育つ』129-140, 解放出版社, 2010
- 石隈利紀「子どもの欲求（wants）とニーズ（needs）」『よくわかる学校心理学』12, ミネルヴァ書房, 2013
- 石隈利紀「学校とディズニーランドはどう違う」『LD・ADHD・ASD』1, 明治図書, 2016
- 石隈利紀・田村節子『石隈・田村式援助シートによるチーム援助入門―学校心理学・実践編』図書文化, 2003
- 伊藤伸二・吃音を生きる子どもに同行する教師の会編『親, 教師, 言語聴覚士が使える吃音ワークブック―どもる子どもの生きぬく力が育つ』解放出版社, 2010
- 海保博之・田村節子『養護教諭のコミュニケーション』少年写真新聞社, 2012
- 宮本信也「巻頭言」『LD研究』18,229, 2009
- 向谷地生良・伊藤伸二『吃音の当事者研究～どもる人たちが「べてるの家」と出会った』金子書房, 2013
- 内閣府「特集　今を生きる若者の意識～国際比較からみえてくるもの～」『平成26年版子ども・若者白書』2016
  〈http://www8.cao.go.jp/youth/whitepaper/h26gaiyou/pdf/tokushu_01.pdf〉
  〈http://www8.cao.go.jp/youth/whitepaper/h26gaiyou/pdf/tokushu_02.pdf〉（2017.02.07）
- 田村節子「保護者が援助チームのパートナーとなるためには, 援助チームメンバーのどのような関わりが有効か」『学校心理学研究』8（1）, 13-27, 2008
- 田村節子『保護者をパートナーとする援助チームの質的分析』風間書房, 2009
- 田村節子「睡眠・生活チェックシート」『東京都こどものネット・ケータイのトラブル相談「こたエール」対応例「依存」』2013　〈http://www.tokyohelpdesk.jp/consult/example/index.html〉（2017.01.15）
- 田村節子「チーム援助で困ったときの解決のコツ」『月刊学校教育相談』29（14）, 24-28, ほんの森出版, 2015

・田村節子（代表）「子ども参加型援助チームモデルの開発―発達障害がある子どもの援助に焦点をあてて」
　　KAKEN研究課題番号：24531262，2015
・田村節子・石隈利紀「保護者はクライエントから子どもの援助のパートナーへとどのように変容するか―
　　母親の手記の質的分析」『教育心理学研究』55，438-450，2007
・田村節子・石隈利紀『石隈・田村式援助シートによる実践チーム援助―特別支援教育編』図書文化，2013
・田中康雄『支援から共生への道―発達障害の臨床から日常の連携へ』慶応義塾大学出版会，2009
・田中康雄『つなげよう―発達障害のある子どもたちとともに私たちができること』金剛出版，2010
・筑波大学附属学校教育局『スウェーデンのマルメ市特別支援教育視察報告書』2012
・浦河べてるの家『べてるの家の「当事者研究」』医学書院，2005

■著者紹介

田村節子（たむら・せつこ）

東京成徳大学応用心理学部・同大学院心理学研究科教授。学校心理士スーパーバイザー・臨床心理士。筑波大学大学院教育研究科修了。博士（心理学）。筑波大学などの非常勤講師，明治学院大学准教授を経て現職。新潟県生まれ。学校心理学に基づいた教師・保護者・スクールカウンセラーらとのチーム援助を提唱。その過程で援助シートを開発。おもな著書：『石隈・田村式援助シートによるチーム援助入門』（図書文化，共著），『保護者をパートナーとする援助チームの質的分析』（風間書房），『親と子が幸せになる「XとYの法則」』（ほんの森出版），『子どもにクソババァと言われたら』（教育出版，共著），『養護教諭のコミュニケーション』（少年写真新聞社，共著）など。

石隈利紀（いしくま・としのり）

東京成徳大学応用心理学部・同大学院心理学研究科教授。筑波大学名誉教授。学校心理士スーパーバイザー・特別支援教育士スーパーバイザー。アラバマ大学大学院博士課程行動科学研究科修了。Ph.D（学校心理学）。カリフォルニア州の小学校のスクールサイコロジスト（インターン），筑波大学にて学生相談室カウンセラー，人間系心理学域教授，理事・副学長などを経て現職。山口県生まれ。子どもの「学校生活の質」を高める援助の実践モデルとして「日本の学校心理学」の発展に尽くす。おもな著書：『学校心理学』（誠信書房），『石隈・田村式援助シートによるチーム援助入門』（図書文化，共著），『寅さんとハマちゃんに学ぶ助け方・助けられ方の心理学』（誠信書房），『学校への効果的な援助をめざして』（ナカニシヤ出版，監修），『学校心理学ハンドブック』（教育図書，責任編集）など。

石隈・田村式援助シートによる
子ども参加型チーム援助
──インフォームドコンセントを超えて──

2017年4月10日　初版第1刷発行　［検印省略］

著者　Ⓒ田村節子・石隈利紀
発行人　福富　泉
発行所　株式会社 図書文化社
　　　　〒112-0012　東京都文京区大塚1-4-15
　　　　Tel.03-3943-2511　Fax.03-3943-2519
　　　　振替　00160-7-67697
　　　　http://www.toshobunka.co.jp/
DTP・デザイン　広研印刷株式会社・CCK
印刷製本　広研印刷株式会社

乱丁・落丁本の場合はお取り替えいたします。
定価はカバーに表示してあります。

ISBN 978-4-8100-7685-1　C3037

構成的グループエンカウンターの本

必読の基本図書

構成的グループエンカウンター事典
國分康孝・國分久子総編集　A5判　本体6,000円＋税

教師のためのエンカウンター入門
片野智治著　A5判　本体1,000円＋税

自分と向き合う！究極のエンカウンター
國分康孝・國分久子編著　B6判　本体1,800円＋税

エンカウンターとは何か　教師が学校で生かすために
國分康孝ほか共著　B6判　本体1,600円＋税

エンカウンター スキルアップ　ホンネで語る「リーダーブック」
國分康孝ほか編　B6判　本体1,800円＋税

構成的グループ
エンカウンター事典

目的に応じたエンカウンターの活用

エンカウンターで保護者会が変わる　小学校編・中学校編
國分康孝・國分久子監修　B5判　本体 各2,200円＋税

エンカウンターで不登校対応が変わる
國分康孝・國分久子監修　B5判　本体 2,400円＋税

エンカウンターで学級づくりスタートダッシュ　小学校編・中学校編
諸富祥彦ほか編著　B5判　本体 各2,300円＋税

エンカウンター　こんなときこうする！　小学校編・中学校編
諸富祥彦ほか編著　B5判　本体各2,000円＋税　ヒントいっぱいの実践記録集

どんな学級にも使えるエンカウンター20選・中学校
國分康孝・國分久子監修　明里康弘著　B5判　本体 2,000円＋税

どの先生もうまくいくエンカウンター20のコツ
國分康孝・國分久子監修　明里康弘著　A5判　本体1,600円＋税

10分でできる　なかよしスキルタイム35
國分康孝・國分久子監修　水上和夫著　B5判　本体 2,200円＋税

エンカウンターで
保護者会が変わる
（小・中）

多彩なエクササイズ集

エンカウンターで学級が変わる　小学校編　中学校編　Part 1～3
國分康孝監修　全3冊　B5判　本体 各2,500円＋税　　Part1のみ　本体 各2,233円＋税

エンカウンターで学級が変わる　高等学校編
國分康孝監修　B5判　本体 2,800円＋税

エンカウンターで学級が変わる　ショートエクササイズ集　Part 1～2
國分康孝監修　B5判　①本体 2,500円＋税　②本体 2,300円＋税

エンカウンターで学級が変わる
（小・中・高）

〒112-0012　東京都文京区大塚 1-4-15　**図書文化**　TEL. 03-3943-2511　FAX. 03-3943-2519
ブックライナーで注文可　0120-39-8899

ソーシャルスキル教育の関連図書

ソーシャルスキル教育で子どもが変わる［小学校］
國分康孝監修　小林正幸・相川充 編　　　　　　B5判 200頁　**本体2,700円**

友達づきあいのコツとルールを楽しく体験して身につける。①小学校で身につけるべきソーシャルスキルを具体化、②学習の手順を段階化、③一斉指導で行う具体的な実践例、をまとめる。

実践！ ソーシャルスキル教育［小学校］［中学校］
佐藤正二・相川充 編　　　　　　　　　　　　　B5判 208頁　**本体各2,400円**

実践の事前，事後にソーシャルスキルにかかわる尺度を使用し，効果を検証。発達段階に応じた授業を，単元計画，指導案，ワークシートで詳しく解説。

育てるカウンセリング実践シリーズ②③
グループ体験によるタイプ別！学級育成プログラム ［小学校編］［中学校編］
－ソーシャルスキルとエンカウンターの統合－
河村茂雄 編著　　　　　　　　　　　　　　　　B5判 168頁　**本体各2,300円**

●主要目次：心を育てる学級経営とは／基本エクササイズ／学級育成プログラムの6事例

いま子どもたちに育てたい
学級ソーシャルスキル〔小学校低〕〔小学校中〕〔小学校高〕〔中学校〕
河村茂雄・品田笑子 ほか 編著　　　　　　　　　B5判 208頁　**本体各2,400～2,600円**

「みんなで決めたルールは守る」「親しくない人とでも区別なく班活動をする」など，社会参加の基礎となる人間関係の知識と技術を，ワークシート方式で楽しく身につける。
●主要目次：学級ソーシャルスキルとは／学校生活のスキル／集団活動のスキル／友達関係のスキル

社会性を育てるスキル教育35時間 小学校全6冊／中学校全3冊
－総合・特活・道徳で行う年間カリキュラムと指導案－
國分康孝監修　清水井一 編集　　　　　　　　　B5判 約160頁　**本体各2,200円**

小学校1年生で身につけさせたい立ち居振る舞いから，友達との関係を深め，自分らしさを発揮しながら未来の夢を探る中学3年生まで。発達段階に応じてこころを育てる。

学級づくりがうまくいく
全校一斉方式ソーシャルスキル教育［小学校］
－イラストいっぱいですぐできる指導案と教材集－
伊佐貢一 編　　　　　　　　　　　　　　　　　B5判 168頁　**本体2,500円**

全校一斉方式だから，学校規模で取り組みやすい。①いつもの全校集会をアレンジするだけ。②毎月の生活目標と連動させれば効果UP。③1回だけのお試し実施や，学年集会での実施も。

図書文化

※定価には別途消費税がかかります

シリーズ　教室で行う特別支援教育

個に応じた支援が必要な子どもたちの成長をたすけ，学校生活を楽しくする方法。
しかも，周りの子どもたちの学校生活も豊かになる方法。
シリーズ「**教室で行う特別支援教育**」は，そんな特別支援教育を提案していきます。

ここがポイント学級担任の特別支援教育

通常学級での特別支援教育では，個別指導と一斉指導の両立が難しい。担任にできる学級経営の工夫と，学校体制の充実について述べる。

河村茂雄 編著
B5判　本体2,200円

応用行動分析で特別支援教育が変わる

子どもの問題行動を減らすにはどうしたらよいか。一人一人の実態から具体的対応策をみつけるための方程式。学校現場に最適な支援の枠組み。

山本淳一・池田聡子 著
B5判　本体2,400円

教室でできる 特別支援教育のアイデア 〔小学校編〕〔小学校編 Part 2〕

通常学級の中でできるLD，ADHD，高機能自閉症などをもつ子どもへの支援。知りたい情報がすぐ手に取れ，イラストで支援の方法が一目で分かる。

月森久江 編集
B5判　本体各2,400円

教室でできる 特別支援教育のアイデア 〔中学校編〕〔中学校・高等学校編〕

中学校編では，授業でできる指導の工夫を教科別に収録。中学校・高等学校編では，より大人に近づいた生徒のために，就職や進学に役立つ支援を充実させました。

月森久江 編集
B5判　本体2,600円

特別支援教育を進める学校システム

特別支援教育の推進には，特定の教師にだけ負担をかけないシステムが大切。学級経営の充実を基盤にした校内体制づくりの秘訣。

河村茂雄・高畠昌之 著
B5判　本体2,000円

遊び活用型読み書き支援プログラム

ひらがな，漢字，説明文や物語文の読解まで，読み書きの基礎を網羅。楽しく集団で学習できる45の指導案。100枚以上の教材と学習支援ソフトをダウンロード可能。

小池敏英・雲井未歓 編著
B5判　本体2,800円

人気の特別支援関連図書

Q-Uによる特別支援教育を充実させる学級経営
河村茂雄 編著　　　B5判　本体2,200円

学ぶことが大好きになるビジョントレーニング 全2冊
北出勝也 著　　　　B5判　本体各2,400円

「特別支援外国語活動」のすすめ方
伊藤嘉一・小林省三 編著　　B5判　本体2,400円

K-ABCによる認知処理様式を生かした指導方略

長所活用型指導で子どもが変わる
藤田和弘 ほか編著

正編 特別支援学級・特別支援学校用	B5判	本体2,500円
Part 2 小学校 個別指導用	B5判	本体2,200円
Part 3 小学校中学年以上・中学校用	B5判	本体2,400円
Part 4 幼稚園・保育園・こども園用	B5判	本体2,400円
Part 5 思春期・青年期用	B5判	本体2,800円

図書文化

※本体価格には別途消費税がかかります